スポーツを仕事にする!

生島淳 Ikushima Jun

★——ちくまプリマー新書
146

目次＊Contents

はじめに　私がスポーツジャーナリストになるまで

大学ではスポーツの勉強ができたらいいな。

仕事をするなら、スポーツに関係する仕事がいいな。

そう考えている若い人たち、そして親御さんにアドバイスができれば――と考え、この本を書こうと思い立った。

自分がスポーツを仕事にするまでのプロセス、そして日本やアメリカの現場で見てきた情報などを自分なりにまとめてみようと思っている。

自分が本当はスポーツを書くことを仕事にしたかったのだ、と思い当たったのは愚かにも、会社勤めをしてからである。

気づくのが遅すぎたかもしれない。いや、振り返ってみると、なんらかの形で仕事をし始めてみないと、「本当にやりたい仕事」は見つからないものだと思った。

人生、後悔の連続ばかりである。

人生をやり直すことができるならば、せめて高校時代に戻りたい。運動部を三年間続けておけばよかったと思うが、新聞部でダラダラ過ごし、文化部対抗ソフトボール大会で受験生活から逃避しつつ、放課後はおニャン子クラブにうつつを抜かしていたのだからどうしようもない。

もともと書くことは好きだった。おそらく小学校五・六年の段階で徹底的に作文教育を施されたのが自信になっていたのだと思う（当時、流行の教育手法だったようだ）。放送局に勤めていた兄の影響もあったのか、中学のときからマスコミ志望で、高校になると出版社で編集者か、放送局でスポーツ担当になりたいと具体的にイメージするようになった。

大学選びは簡単で、スポーツが強く、ジャーナリスト、作家を多く輩出している大学にしか興味がなかった。入学してから籍を置いた雑誌を作るサークルはマスコミ志望者が多く、マスコミを中心に就職活動をした。

しかし現実的に、スポーツを仕事にするのはむずかしいとそのときに気づいた。すぐにスポーツの現場に携わることができるのは、当時、スポーツ新聞の記者くらいしか思いつかなかった。新聞を読むのは大好きだが、どうも新聞記者になるのは気が進まず、しかも希望の出版社と放送局には内定をもらえなかった。

「好きなスポーツは趣味でいいや」

私はそう考えることにした。いや、言い聞かせようとしていたのかもしれない。

当時はバブルの絶頂期、自分とは縁遠いと思っていた銀行の採用担当者からも勧誘の電話がくるほどだったが、最終的には広告代理店から内定をもらい、一九九〇年四月に入社した。

結局、その会社には九年間勤めた。自分はまったくダメ社員だった。周りには迷惑をかけてばかりいた。仕事に対する違和感は入ってすぐに感じ始め、実際に入社一年目には第一志望だった出版社をもう一度受け直したほどだった。

違和感のやり場に困っていた入社一年目の十二月、ラグビーの早明戦でものすごい試合を見た。明治が二十四対十二とリードし、残りは数分。そこまでノートライの早稲田は絶体絶命の大ピンチだったが、そこから二連続トライ、ゴールで同点。この感動的な試合を見て、腹が据わった。

「やっぱり、スポーツを書く仕事がしたい」

のちに、このときトライをあげた今泉清さんとは取材で知り合うことになる。

それでもそこから八年は会社にいた。

会社で発想のしかたを学ぶ

私が勤務した会社は「考えること」をとても大切にしていた。どうやったら、人とは違ったアイディアを出せるのか。そこが大きなポイントだったように思う。

人と違ったアイディアを出そうと思っても、説得するには論理的に話を展開しなければならない。その道筋の作り方は会社のトレードマークになっていた気がする。理詰めでいきながら、最終的には他社、他者にはない視点を提供するのが仕事の本質だった。

会社の人たちには本当に申し訳ないのだが、会社にいるときは役に立つアイディアはまったく出せなかったのだが、この訓練がスポーツジャーナリストになってから生きるとは思ってもみなかった。

具体的には、既存のスポーツジャーナリズムが踏み込まなかった部分——スポーツと経済、スポーツと経営——そういった一見、ミスマッチな部分について書いていくことが自分の仕事につながっていったのである。

最初、大きな飛躍になったのはラグビー狂会編による『キックオフまで待てない』（マガジンハウス）において共著者のひとりとして文筆デビューしたときである。年上のNさんが声をかけてくれたのだ。初めてのチャンス。私はテレビドラマ「スクール・ウォーズ」の放送によって、ラグビー人口がこんなに増えたんです――という事実を視聴率、ラグビーの登録人口のふたつのグラフを使って説明する原稿を書いた。

最初、ヒントをもらったのは編集担当だったNさんで、そのアイディアがうまく転がっていったのは私が広告代理店に勤めていたからだと思う。もし、既存のメディアに入っていたら、こういうアイディアは出てこなかったかもしれない。

その後、自分が好きだったアメリカのスポーツが衛星放送の普及によって徐々に日本にも広がり、一九九三年には中学時代から愛読していたスポーツ誌「ナンバー」(文藝春秋)に初めて原稿を書くことができた。

このきっかけは原稿の持ち込みだった。原稿を読んでいただけませんか、と編集部の方にお願いしたのである。

その結果、一ページの原稿依頼をいただいたときは、それだけで感激した。内容はNBAの選手紹介の原稿で、日本ではアメリカのバスケットについて書く人がまだまだ少なかったからチャンスがめぐってきたのだと思う。

マイケル・ジョーダンが表紙の「ナンバー」三一九号はいまだに大切に保管している。私の持ち込み原稿を読んでいただいたTさんがいなかったら、もう少しデビューが遅れていたかもしれない。

いずれにせよ、新聞や放送の世界でジャーナリストとしてのトレーニングを受けていなかった私は、それまでの自分が見てきたスポーツの財産と、会社で培われつつあった「発想」で勝負するしかなかったのである。

独立——視点が勝負の世界

自分が書くことでやっていけるかな、と思ったのは一九九六年、アトランタ・オリンピックを前に金メダリストの岩崎恭子さんを「ナンバー」で取材したときである。

バルセロナ・オリンピックで金メダルを取ってからの苦闘を聞き、それをまとめた。手ごたえがあった。タイトルは「ほんとうにうれしかったこと」。書いていて、面白かった。編集担当のYさんとの協働も刺激的で、これなら、独立してもやっていけるかもしれないと感じたことを覚えている。

岩崎さんとその後しばらくして会ったとき、

「生島さんの原稿、アトランタの帰りの飛行機の中で読んだんです。そしたらグッと来てしまって」

という言葉をいただいた。こちらが泣きそうになった。

それでもすぐにスポーツジャーナリストとして一本立ちできたわけではない。マスコミに勤務していればつながりができたかもしれないが、業種が違うからスポーツジャーナリズムに知り合いもいなかった。勇気もなかったし、まだまだ力不足だった。会社に籍を置きつつ、原稿を書く仕事を続けていた。

身分としては中途半端だった。それも会社の居心地がよかったせいだと思う。私は状況に甘えていた。

それも限界が訪れる。一九九八年、会社の組織変えの会議があり、その話を聞いて突発的に「やめよう」と思った。

まったく突発的だった。

人生にとってかなり大きな決断だったと思うが、意外にもあっさりと気持ちは固まった。半年後に会社を退職し、一九九九年七月一日、鈴木大地さんを育てたセントラルスポーツのコーチ、鈴木陽二先生に取材にうかがった。独立して初めての仕事である。

鈴木先生はこう励ましてくれた。

「最初に俺《おれ》のところに来たか。それは金持ちになるぞ！」

鈴木先生の笑顔がいまだに忘れられない。

それから十年以上が経《た》つが、こうした人と人とのつながりに助けられ、そして運がよかったとも思う。

運が向いていたと感じるのは、自分が子どものころから好きだった競技が、注目を浴びるようになっていたからだ。

私がはじめてメジャーリーグのワールドシリーズをテレビでみたのは一九七五年のレッズ対レッドソックスのシリーズだったが、それからはずっとメジャーをフォローしてきた。そして一九九五年に野茂英雄がドジャースに移籍し、長谷川滋利、イチロー、松井秀喜、松坂大輔らが続いた。偶然ではあるが、自分が子どものころから見てきた財産が生きるような環境が整ったのである。

偶然というのは大きいもので、私と同世代の書き手で子どものときからずっとサッカーが好きだった人は、一九九三年の「ドーハの悲劇」、そして一九九八年のワールドカップ初出場、さらには二〇〇二年の日韓《にっかん》共催のワールドカップでの盛り上がりと、仕事の幅を大きく広げていった。

運は自分ではコントロールできないものなので、これぱかりはどうしようもない。生まれ故郷も運の一部だったようで、宮城県出身の私は、仙台で育った千葉すずさんと共著で『すず』（新潮社、写真・藤田孝夫）、そして宮城県出身である福原愛さんのお母さんの本を手掛けることになった。これぱかりは不思議なめぐり合わせとしか言いようがない。

かつて私は大学で選択したラグビーの授業で、早大の監督も務めた日比野弘先生に「努力は運を支配する」という色紙をいただいた。好きなことを続ければ、それが努力となり、運を向かせることになるのかもしれない。

好きなことを続けることが重要だと思ったのは、一九九九年、独立したときに「ナンバー」で創部百周年を迎えた慶應義塾大学ラグビー部の連載の場をいただいたことだ。

もともとは高校生のときに見た一九八五年の大学選手権決勝の惜敗、その翌年の日本一の印象が強く、一九九〇年代に入って低迷していた慶應はずっと気になる存在だった。そしてようやく一九九九年の創部百周年を前に復活の兆しが見え、「ナンバー」のTさん（デビューさせていただいた方とは別）と一緒に一年間取材を続けるという連載を立ち上げることが出来た。編集長のIさんはよくぞ企画を認めてくださったと思う。独立のご祝儀をいただいたと思って、必死になるしかなかった。

慶應がその年に大学日本一になることは期待はしていたが、現実となってみると驚いた。これも、めぐり合わせである。翌年、追加の取材をすることで『慶應ラグビー　百年の歓喜』を上梓《じょうし》することができた。

このとき、継続的に取材を続けて行こうと思ったのは、アメリカのスポーツジャーナリズムで同じような手法があったからだ。会社を休職し、特定のチームを取材するジャーナリストが傑作をモノにしていた。

ジョン・ファインスタインの大学バスケットボールを題材にとった『瀬戸際に立たされて』、H・G・ビッシンジャーの『フライデー・ナイト・ライツ』（アメリカではテレビドラマにもなった）などの本を翻訳書、原書であたっていたから、慶應ラグビーのアイディアが浮かんだ。

私など、取材する量では新聞記者の人たちにはかなわないから、視点と企画で勝負するしかなかった。そこで会社時代に培ったものが生きてきたのである。

視点を生かす仕事の流れは、子どものころから好きだった箱根駅伝と大学の経営的視点がどのように交錯したかを考察した『駅伝がマラソンをダメにした』（光文社新書）、『アマチュアスポーツも金次第』（朝日新書）、アメリカの政治経済とスポーツが密接な関係にあることをまとめた『大国アメリカはスポーツで動く』（新潮社）につながっていった。中でも一番売れたのは駅伝本だが、新興大学のユニフォームに入るチーム名が必ず漢字なのは経営戦略の一部だから……といったことを考えるようになったのは、会社勤めのおかげであった。

何より仕事の視点を磨いていくには、とにかくたくさん仕事をすることが大きな武器になる。

私の場合、『慶應ラグビー　百年の歓喜』を書いたことで東京新聞の連載の仕事をいただき、その連載がＴＢＳラジオでの仕事につながっていった。ラジオの情報番組の場合、スポーツ界の出来事に対し、出演依頼の電話をもらってから、一、二時間で新しい視点を提示しなければならない。新聞、インターネットなどの情報を総合し、これらのメディアが提示していない視点を提供するのである。この「訓練」が雑誌の原稿を書くのに役立つようになった。

メディアの種類は違っても、底でつながっている部分があり、ひとつの仕事が別の仕事の充実を生んでいくのである。

スポーツの世界で働きたい——そう思っている人たちへ

この本では現在、アメリカを中心にスポーツ界の現場で起きていることを私なりの視点で紹介したいと思う。

この十年間で世界のスポーツを取り巻く状況は劇的に変化した。

産業構造の変化もあるが、それ以上に違う業種のエキスパートがスポーツ界に乗り込んできた感じがする。私が見る限り、「自分が好きなことを続けてきた人たち」の働く場が格段に増えた印象がある。

スポーツのビジネスと言えば、主人公は選手たちだ。そこに変化はない。しかし選手たちを支える仕事や、チームを強くしたり、収益をあげる仕事に関しては、スポーツを実際にプレーしたかどうかは関係なく、スポーツが好きな人が大きく活躍する場が増えている。付け加えるなら、スポーツが好きで斬新《ざんしん》なアイディアを提供できる人が生き残っているのだ。

仕事が多様化している分、スポーツの世界は面白くなっている。自分なりの考え方、見方ができる人であれば、きっとスポーツの世界を変えていけると思う。

第1章　大きく変化するスポーツの仕事

1　「知恵」がモノをいうプロスポーツビジネス

大きな変革期を迎えたスポーツビジネス――いま、アメリカで起きていること

ここ十数年で、世界中でさまざまな仕事が大きく変化した。スポーツビジネスも例外ではない。

近年スポーツの世界で目立つのは、一見、スポーツとは関係ない分野の研究や勉強、もしくはまったく異業種で働いていた人たちがスポーツの分野に大きく進出してきたことである。それはスポーツのビジネスが、他の分野の優れている部分をそのまま吸収し、さらに発展を遂げていると言ってもいい。

もちろん、その発展も素晴らしい選手が観客を魅了しているところに立脚している。アメリカの四大スポーツと呼ばれるメジャーリーグ、NFL（アメリカン・フットボール）、NB

A（バスケットボール）、NHL（アイスホッケー）にはそれぞれスーパースターがいて、アリーナ、スタジアムを満員にする。その入場料収入が次なるビジネスの元手になっていく。最近では地域によってMLS（サッカー）のプロリーグも集客を伸ばしている。

いま、アメリカで面白いのはチームを強くするためにまったく違う分野の人間が中心を担うようになってきたことだ。

たとえばメジャーリーグ。いま、メジャーリーグでは選手の成績の数値化がものすごい勢いで進化している。

野球は偶然性の高いスポーツと考えられがちで、これまでの常識で考えれば打者であれば打率、本塁打、打点が重視され、投手の場合は勝ち星、防御率が重視される傾向にあった。

しかし数年前には出塁率（ヒットに加え、四死球の数を加味したもの）がもてはやされるようになり、そればかりではなく、現在では野手の守備の能力を見極めるため、UZR(Ultimate Zone Rating)と呼ばれる守備範囲でどれだけヒットがあり、どれだけアウトを取ったかを数値化することまで行われるようになった。

勝つチームを作るために、極端なまでに数値化が進んだのである。

この流れを作ったのは、野球を徹底的にデータで読み解こうとした熱狂的なファンが存在したことと、そうした数値化の動きを敏感に察知した若き経営陣がいたからだった。

　メジャーリーグの経営陣が、熱心に数字によって選手を見極めようとしていることを紹介したのはマイケル・ルイスの『マネー・ボール』（ランダムハウス講談社）が始まりだった。

　二〇〇三年にアメリカで出版されたこの本は、オークランド・アスレチックスのジェネラル・マネージャーであるビリー・ビーンが、予算の少ない中で知恵を絞りながら優勝戦線に毎年のように顔を出していた理由を解き明かしている。ビーンは元メジャーリーガーでありながら、古いタイプのスカウトを信用せず、大学で数学などを学んだ若手の「ビジネスマン」を雇い入れ、当時では斬新《ざんしん》だった出塁率を重視する考え方などを取り入れて成功を収めた。

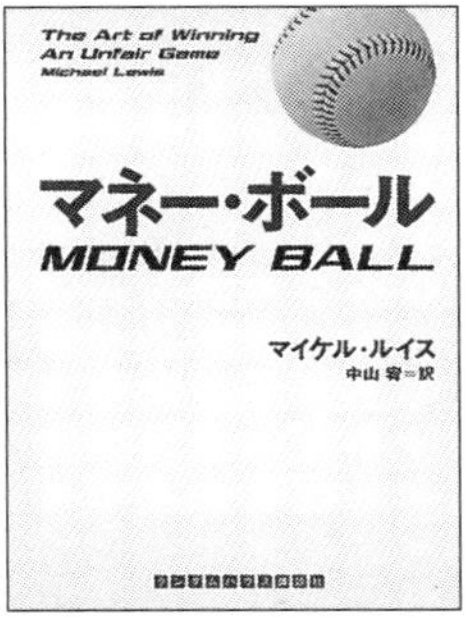

『マネー・ボール』（ランダムハウス講談社文庫）

　この本は野球界に大きな影響を与え、一気に数字の重要性を知らしめるようになった。ある意味で、『マネー・ボール』には革命的なインパクトがあった。この題材はブラッド・ピット主演（彼がビリー・ビーンを演じる）で映画化される予定になっていて、野球界だけでなく、ビジネス界にも大きな刺激を与えた。

野球という細かい数値化が難しいと思われていた世界で、数学的なアプローチが有効であることを経営者たちが気づいたのだ。

特にこの本のなかで注目されたのは、ビリー・ビーンのアシスタントGMを務めていたポール・デポデスタである。

デポデスタはハーバード大学で経済学を修めたが金融関係には進まず、自分が大好きなスポーツビジネスの世界に飛び込んだ。一九九六年、彼が最初に就職したのはメジャーリーグのクリーブランド・インディアンズで、チームのために次の対戦相手のスカウティング・レポート（偵察レポート）をまとめる仕事に就いた。おそらく、ウォール街に就職していれば数千万円単位のサラリーを得られたかもしれないが、メジャーリーグのチームは給料が安い。しかし彼はそれを厭《いと》わず、得意とする数値を読みこむ手法で出世の階段を上がった。三年後、ジェネラル・マネージャーのスペシャル・アシスタントに登りつめ、すぐさまオークランド・アスレチックスにヘッドハンティングされた。

それまでは使いこなすことがむずかしいとされていた数字を、デポデスタは自由自在に操り独自の視点を打ち出していった。その結果、他の球団では見向きもされない選手に白羽の矢を立て蘇生《そせい》させていき、二〇〇〇年前後にアスレチックスは安定した成績を残すようになった。

アスレチックスで成功したデポデスタは、二〇〇四年にロサンゼルス・ドジャースのジェネラル・マネージャーに就任した。まだわずか三十一歳の若さだった。

デポデスタの成功を支えたのは、ある意味では経済学と野球の融合だった。アスレチックスは観客動員数も少なく、選手獲得の予算が限られていた。有名選手はアスレチックスなどには見向きもしない。そこで知恵を発揮する必要に迫られ、デポデスタは数値をコンピュータにどんどん打ちこみ、画面に記された数字をもとに選手を獲得していった。

もちろん、全部が全部当たりだったわけではない。しかし成功した選手もたしかにいた。だからこそ、彼の存在価値が上がり、ビジネスで成功するチャンスが生まれたのだ。ドジャースでは二シーズンで解雇されてしまったが、すぐにパドレスに就職し、デポデスタは球界ではまだまだ貴重な存在だ。

実は私はドジャー・スタジアムでデポデスタに話を聞いたことがある。

ジェネラル・マネージャーというと、人によっては記者と話すことを嫌がる人もいる。しかしデポデスタはプレスボックスでソーダを飲み、細身のジーンズをはいていて、なんだかＩＴ企業に勤めるエンジニアのような雰囲気さえ漂っていた。

「ドジャースのような名門チームで仕事をすることは、大きなプレッシャーがかかる。自分の色を出しながら勝利を目指すというのは、なかなかむずかしいものでね」

私にとって、自分よりも若いジェネラル・マネージャーと対面したのは初めてだった。スポーツビジネスの世界に新しい波が来ていることがひしひしと感じられた。

ビジネスと学問の統合が進む

こうした傾向はデポデスタ個人のものではない。マリナーズを例にとると、アシスタント・ジェネラル・マネージャーのジェフ・キングストンは一九九九年にペンシルバニア州にあるディッキンソン・カレッジで経済学を修めたあと、インターンとしてサンディエゴ・パドレスで働いた。その後、二〇〇〇年にはIT企業に就職したが、翌年にはパドレスに育成部門のアシスタントとして正規雇用された。その後、パドレスで組織全体を統括する仕事をし、二〇〇九年九月にマリナーズのアシスタント・ジェネラル・マネージャーに就任した。

キングストンの経歴を見ても明らかなように、デポデスタのメジャーリーグでの出世物語は決して偶然ではなく、各球団が経済学的なアプローチをこの十年間熱心に追い求めてきたことが分かる。

それまで野球界は「印象」が支配している世界だった。各地に散らばって活動するスカウトが、「あの投手のストレートは私が見た中では十年にひとりの逸材だ」と会議で話し、もしそのスカウトに実績があればその言葉は信用された。

しかしあくまでそれは感覚的なものであり、ジェネラル・マネージャーのなかには客観的な指標を求める新世代が現れたのである。そこに大学で経済学だけでなく、数学、工学などを勉強した「野球好き」、いやハッキリ言えば「野球オタク」がコンピュータの計算式を駆使して新しい指標を持ち込んだのだ。

つまり、ビジネスの世界ではこの十年でスポーツと経済学や統計学といった、それまでは一見、縁遠いと思われていた両者が「統合」されたというわけなのだ。

そして現在は、アメリカではスポーツと計量的な学問の進化、統合が進み、ビジネス面では導入期から成熟期に入ろうとしている。

ヘッドコーチが素人《しろうと》？

スポーツに縁がなかった人が、スポーツビジネスに携わることが一般化しつつあるが、アメリカではより革新的なことが起きている。

プロはおろか、大学でのプレー経験のない人がプロスポーツのヘッドコーチ（日本では監督と訳されることが多いが）になって成功を収めているのだ。

素人が天下を取ったのである。

代表的な例はアメリカン・フットボールのプロリーグ、ＮＦＬのニューイングランド・ペイトリオッツのビル・ベリチックだ。ベリチックはアメフトの選手としての経験が高校時代までしかない。大学ではコーチとのそりが合わず、フットボールの方ではほとんどプレーしていないに等しく、ラクロス部に所属していた。ところが大学卒業後、彼はビデオ分析担当からキャリアをスタートさせ、ついにはペイトリオッツをスーパーボウル優勝にまで導き、将来は殿堂入り間違いないと言われるほどの名将となったのである。

ではなぜ、「素人」がプロのコーチになれるのか？　それはアメフト界が過去の実績にとらわれず、「能力主義」に徹しているからである。

ベリチックは選手としては素人だったが、コーチングにおいてはプロとして育てられた。父親は海軍士官学校のフットボールのコーチをしていた。小さいころから父と一緒にフットボールの試合を見て、十代になると相手チームの分析を手伝うようになった。父は息子に分析のポイントを伝授していったのである。

ベリチックは選手としては大成することはなかったが、フットボールへの情熱は失《う》せることはなかった。大学を卒業すると彼は週給二十五ドルで、ボルチモア・コルツのヘッドコーチのアシスタントを務めるようになった。薄給というよりも、アルバイトと一緒である。最初は雑用係のような仕事もあったが、彼の相手チームの分析能力がヘッドコーチの目にとまり、分析担当へ昇進。翌年にはデトロイト・ライオンズのアシスタント・スペシャルチーム・コーチとなり、以後は独特のフットボール観が評価されるようになる。

そして三十九歳の若さでクリーブランド・ブラウンズのヘッドコーチに就任してしまったのだ。異例の出世である。ブラウンズではマスコミへの対応に失敗し、五年で解雇されてしまったが、二〇〇〇年にはニューイングランド・ペイトリオッツのヘッドコーチの座に就き、十シーズンで三回のリーグ優勝を遂げている。

ベリチックの成功物語は、アメリカで「オタクの星」とみなされている。グラウンドでプレーするよりも部屋の中でモニターを見て、試合を分析することに長《た》けている人物が天下を取ってしまったのだから。

それまでは当然のことながら、ヘッドコーチだけでなく、選手の指導にたずさわるコーチたちはプレー経験があるのが当たり前だった。それが常識だった。ところがベリチックをはじめとした経験のない人間が結果を残すようになると、プレー経験の有無、実績は問われない傾向がますます強まってきた。コーチに必要な能力さえあれば、どんどん登用していく流れがすでに完成している。

しかも最近のNFLでの傾向を見ていると、大学を卒業してからすぐにコーチングの世界に飛び込んだ人物の方がキャリアを早くスタートさせた分、出世も早い。

二〇〇九年には、カンザスシティ・チーフスのヘッドコーチに四十二歳のトッド・ヘイリーが就任したが、彼は中学、高校、大学とフットボールの経験がまったくない。大学ではゴルフ部の選手だった。

ただ、彼もベリチックと同じように父がフットボール関係者だった。ピッツバーグ・スティーラーズの編成担当だった父と一緒にフットボールの試合を見たことが財産となり、大学卒業後は父が在籍したチームのスタッフとなり、そこから階段をひとつひとつ登っていった。

ベリチック、ヘイリーのようなヘッドコーチが誕生するあたりに常にベストのものを選択していくアメリカの徹底した合理主義を感じる。勝つためには集団が進化する必要があり、そのために能力主義を徹底させていくと、素人がリーダーになる場合さえある——これが現在、アメリカのスポーツ界で進んでいることなのだ。

人事管理がスポーツの分野に応用

アメリカのスポーツ界では、勝つためには人材登用だけでなく、他の分野でのノウハウを貪欲《どんよく》に取り入れていく柔軟性がある。

ペイトリオッツの成功は素人ベリチックの登用だけではない。編成担当のスコット・ピオーリの「人事マネジメント」がペイトリオッツの長年にわたる基盤を作ったと言われている。

ピオーリとベリチックが出会ったのは偶然が作用していた。ピオーリは大学時代に、ベリチックがアシスタント・コーチを務めていたニューヨーク・ジャイアンツのキャンプに毎日一時間半のドライブをして、練習を見学に行った。なにしろ毎日足を運ぶものだから、警備員と仲良くなった。その警備員がベリチックの友人で、二十一歳のピオーリと三十五歳のベリチックを引き合わせた。

その後のNFLの歴史を左右する、運命の瞬間だった。

ふたりは意気投合し、ピオーリは宿舎となっていた大学の寮に泊まり込むようになった。彼が寝るベッドはなく、ソファで眠った。

ベリチックと接することでピオーリは「フットボールの世界に就職しよう」と心に決めた。

しかしピオーリは大学院でパブリック・コミュニケーションを学び、修士号を修めるのを目前にしていた。

パブリック・コミュニケーションとは日本ではなじみがないが、企業や官庁などが効果的にメッセージを伝える方法を研究する学問だ。ピオーリはここで組織のマネジメントの基礎と、それをいかに伝えていくかという基礎を学んだ。それが後々、ペイトリオッツの仕事に生きてくるのだが、地道な職業について欲しいと願っていた母は泣いた。しかし、配線工だった父は「楽しめる仕事につけるのなら応援する。それはとても素晴らしいことだから」とバックアップしてくれた。

そしてピオーリは大学でアシスタント・コーチを務めた後、ベリチックの下で働くようになり、ペイトリオッツで選手の人事を担当するようになる。ピオーリが特筆されるのは、何かと特別扱いされていたプロスポーツの世界に「常識」を持ち込んだことだった。

プロの世界では「フリーエージェント」（ＦＡ）といって、一定の期間、プロとして過ごすと自由に球団を選ぶ権利が取得できる。このＦＡになった選手でどうしても欲しい選手がいれば、メジャーリーグ、ＮＦＬ、バスケットボールのＮＢＡもあらゆる手を使って獲得しようとする。

それまでの慣例では交渉にあたっては、選手はその町に来てもらうのだが、飛行機はファーストクラス、空港から宿舎まではリムジンを用意し、ホテルは最高級のスイート。夕食は十万円を超すようなワインを開けて選手をもてなす。

これがプロスポーツ界の常識だった。いや、いまもそれが常識として残っているところもある（日本でも同じようなことは行われている）。

しかしそれに対してピオーリは一般的な感覚を持ち込んだ。まるで選手の方が王様で、もしも契約にこぎつけたとしても選手の方が勘違いしてしまう恐れがある。本来、選手はヘッドコーチの指示にしたがうものだが、「俺《おれ》がこのチームに来てやったんだ」と尊大になってしまう恐れが出てくる。

そこでピオーリはベリチックに過剰な接待はやめた方がいいのでは……と相談をもちかけるとベリチックもうなずいた。スポーツ界が特別なのではなく、一般的な常識を持ち込んだのである。これがペイトリオッツのチームのカラーを生み出していく。

ピオーリが選手の獲得にあたって重視したのは、一般企業で社員をリクルートするのと同じ発想だった。ペイトリオッツが重視したのは次のようなポイントだった。

・自分に厳しく、完璧《かんぺき》主義者であること。軍隊的なアプローチを受け入れられること。
・チーム優先主義であること。選手の平等性を重んじ、エゴを捨てられる選手。
・骨身を惜しまず働き、知性と高いレベルでの集中力を発揮し、試合に完璧な準備ができる選手。
・複数のポジションをこなせる多様性を持っていること。
・相手の弱点を突く作戦をこなせる能力があること。

おそらくこれらのポイントはアメリカの一般企業でもそのまま通用することだろう。要約するなら、自分がいちばんだというエゴを捨て、組織のために働ける人間であることが優先される。これはペイトリオッツが才能あふれる選手よりも、チームの勝利を優先させる選手を獲得していくという堅固な指針である。

さらには高い知性を求めているところもこのチームらしいところだ。

加えて、複数のポジションをこなせる能力を持っていること、つまり状況に応じていろいろなポジションをこなせる人材を求めているところにも特徴がある。

ペイトリオッツの編成方針は極めて一般企業の人事戦略に近く、それはそれまでのプロスポーツの世界から見れば、異端視されかねないものだった。

しかしベリチック、ピオーリという常識人が普通の尺度を持ち込んだことでペイトリオッツは成功したのである。

実際に、他のチームで中途半端な仕事しか与えられず、くすぶっていたような選手と契約を交わし、見事にその選手がディフェンスの要《かなめ》となって優勝に貢献した。それも選手の獲得において、しっかりとした指針が示されていたからだ。

ペイトリオッツの長期にわたる成功は、ピオーリのマネジメントと、ベリチックの戦略の勝利なのだ。

単にフットボールだけでなく、他の分野での常識を応用できる人材がいまアメリカでは求められている。

2　台風に巻き込まれたスポーツマスコミ

iPadがスポーツマスコミを変える?

スポーツの現場で大きな変化が起きているが、それを伝えるマスコミはどうなっているだろうか。スポーツの世界では、マスコミは不可欠なものだ。

ペイトリオッツをはじめ、スポーツの現場が大きく変わっていることを伝えているのは新聞記者であり、雑誌の記者やテレビのレポーターが地道な取材を通して本や特集番組としてわれわれに伝えてくれるからこそ、地殻変動が起きていることが理解できる。

テレビやラジオ、新聞や雑誌を通じて、結果や選手の個性、そしてスポーツ界での流れが報道されなければ、ファンの興味を引き付けておくことはできない。

しかしふたつの「台風」がスポーツのマスコミを大きく変えてしまった。

最初の台風は、二〇〇八年の秋にやってきた。アメリカ発の「リーマン・ショック」である。経済史上におけるこの歴史的な事件は、スポーツだけでなくマスコミの枠組みを大きく変えてしまった。それは、スポーツだけでなく報道の世界で仕事をする人の生活をも大きく変えることになった。「リーマン・ショック」は多くの企業で業績不振を招き、その結果、メディアへの広告が減った。

日本では多くの雑誌が休刊に追い込まれ、スポーツ総合雑誌で定期的に刊行しているのは文藝春秋の「ナンバー」だけとなってしまった。

アメリカでは新聞の不振が目立った。もともとアメリカの新聞は安い。「シアトル・タイムズ」の場合、一週間の購読料が五ドル三十五セントで、日本円に直すと五百円を切る。一カ月購読しても二千円程度である。いつもシアトルに出張に行くたび、ボリュームがたっぷりなのに新聞代が安いことに感激するほどだが、なぜこれほどまでに廉価で購読できるかというと、広告料が支えていたからである。

ところが広告が入らなくなり、シアトルでいえば「シアトル・ポスト・インテリジェンサー」がなくなった。

当然、この新聞でマリナーズ担当だった記者たちは転職活動を余儀なくされた。

広告の不振はリーマン・ショックの影響ばかりではなく、企業が安価なインターネット広告にシフトしていることも大きかった。

広告に依存していたビジネスモデルを変えなくてはいけない状況に、ふたつ目の台風が襲ってきた。iPhone と iPad の爆発的な普及である。

もともとインターネットの普及によって「速報性」の面で新聞は劣勢に立たされていた。iPhone そして iPad が登場すると、外出していたとしても、契約しさえすれば手元で試合の中継を見ることが可能な時代になったのである。端末での試合情報に触れる機会が増えると、相対的に紙で新聞を読む必要がなくなる人が増加する。

この流れは新聞だけでなく、意外なことにプロスポーツチームにとって打撃になることも忘れてはならない。

ＮＢＡのダラス・マーベリックスのオーナー、マーク・キューバンは「地元のファンに興味を持ってもらうには、地元紙の存在が必要不可欠」として、経営危機に陥っているダラス・モーニング・スター紙の支援に乗り出した。

なぜならアメリカの新聞は地元密着型であり、新聞を購入すること＝地元チームの情報を仕入れることと同義である。他の町のチームの情報はほとんどないに等しい。このメディアの姿勢が地元チームへの応援に直接つながる。

ところがインターネットはローカリズムではなく、グローバリズムを推進するメディアだ。ダラスに住んでいたとしても他の都市に本拠地を置くチームの情報がどんどん入って来るようになった。相対的に地元チームの情報に触れる機会が少なくなり、関心が薄れてしまう。それがチームに対する愛着を奪いかねず、めぐりめぐって観客動員に響いてくる。

地域ごとの独立性が高いアメリカでは、日本以上に地元紙の存在が大きいのだ。

キューバンはインターネット中継のソフトを開発し、それをヤフーに売却してビリオネアになったＩＴ長者だ。その彼が新聞の重要性を訴えているのだから説得力がある。逆に言えば、新聞は徹底的に地元密着することで生き残るチャンスがあるのかもしれない。

苦戦する新聞をしり目に、現在、もっとも成功しているスポーツメディアは、テレビのスポーツ専門チャンネルとしてスタートした「ESPN」だろう。

ESPNは現在、テレビではESPN1、2、3に加えて過去の名勝負を放送するクラシック、ニュースを扱うESPNニュースなど多チャンネル化を進め、他にラジオ、インターネット、雑誌も発行している一種の「コングロマリット」だ。ESPNの事業形態を見ていくと、今後、スポーツメディアが進む方向性がある程度見えてくる。

・スポーツのライブ中継（テレビ、インターネット）
・速報性（インターネット、ESPNニュース）
・エンターテインメント性（華やかな解説陣、看板番組「ESPNスポーツセンター」の娯楽性の高さ）
・分析力（テレビの解説、インターネット、雑誌）
・特集力（雑誌、テレビのドキュメンタリー）

これだけの幅の「娯楽」をスポーツだけで提供できるということは、それだけスポーツの裾野《すその》が広く、人材、資材が豊富にあるということだ。

これから日本でもスポーツのビジネスが豊かになっていくためには、人材、資材が集まらなくてはいけない。

変わりゆくスポーツのライブ中継

ESPNは一九七九年に誕生し、設立から三十年でスポーツメディアのトップブランドになった。ここからはESPNの業態を日本と照らし合わせながら、スポーツビジネスの現状と将来予測をしてみたい。

なんといってもスポーツビジネスの柱となるのは中継である。近年はますます放映権を獲得するのが放送局の大きな「使命」となっている。

日本でも「世界陸上」(TBS)、「世界水泳」(テレビ朝日)など、いろいろな競技の世界選手権を放送しているが、かなりの放映権料が発生する。

そうすると、各局にその競技のスペシャリストは生まれるが、多くのスポーツをカバーするゼネラリストは生まれにくい構造になる。

だから、「このスポーツに関《かか》わってみたい！」という強い願望がある人なら、特定の放送局への就職を考えるのが自然の流れになる。ただし、放映権が他の局に奪われてしまうと、蓄積したノウハウが宝の持ち腐れになってしまう場合もある。

今後は中継が行われるのはテレビに限らず、インターネットでの放送も重要なコンテンツになっていくのは間違いない。

私はＥＳＰＮが放送するアメリカの大学バスケット、フットボールが見られるパックをインターネット上で契約している。年間一万五千円程度でＥＳＰＮが中継する試合が見られる。いまや、日本の放送局のライバルは国内ではなく、国外のインターネット放送になってきている。

さらには iPad の登場で、どこでもスポーツ中継が見られる可能性が出てきた。iPad が普及すれば、おそらく携帯電話でのワンセグによる視聴はあっさりと時代遅れになる。ただ、地上波とは違って課金されていくシステムができるだろうから、ここにビジネスチャンスがあるかもしれない。

日本でスポーツ中継に課金するにあたっては、試合や大会の重要性はもちろんだが、エンターテインメント性も求められるようになるだろう。実は日本とアメリカの中継の大きな違いは、スター解説者、スター・アナウンサーの有無だと思う。
解説者は派手なキャッチフレーズで自分のカラーを出す人もいれば（解説者とは違うが、松岡修造氏がアメリカ人の特定のコメンテーターに近い雰囲気を持っている）、分析力を売りにする人もいる。

分析力が問われる時代に

実はこの分析力が、スポーツの分野で非常に大きなウェイトを占めるようになってきた。インターネットの発達によって、スポーツのメディアはドラスティックに変化しつつある。いままで新聞だと、文字数に制限があり、試合の結果を伝えるにもエッセンスを切り取る能力が記者に求められていた。しかしインターネットが見られる環境にいればすぐに試合結果はわかるし、野球であれば配球までがすぐに図示される。速報性やライブ感では、新聞はインターネットに絶対かなわないのである。

そうなると、新聞が生き残る道はより選手と接触できる機会が多く、試合や選手の雰囲気を伝えることに加え、「分析力」が問われるようになってきた。

この分析力重視の傾向は、インターネットと野球の相性がよかったことから発達してきた。

野球がインターネットによって、もっとも恩恵を受けた部分は膨大なデータをすぐにデータベースによって確認できることである。それが最初は個人のサイトだったりするのだ。

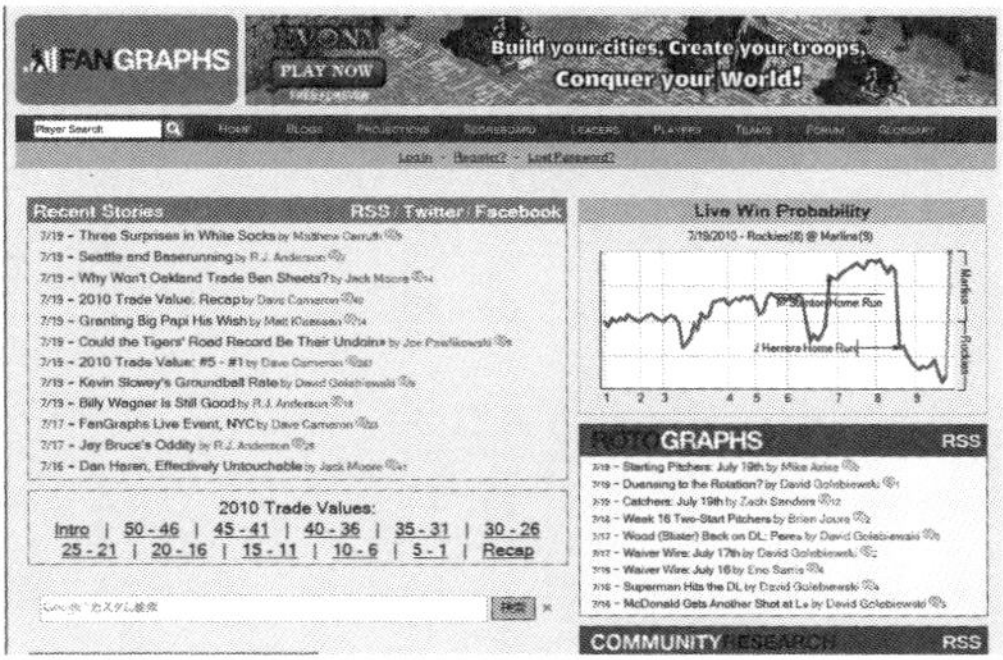

メジャーリーグのデータ分析に定評のある「FANGRAPHS」のホームページ（2010年7月20日アクセス）

たとえば Fangraphs.com というサイトでは、現役で活躍している選手の細かいデータを無料で手に入れることができる。一例をあげるなら、レッドソックスで活躍している松坂大輔投手がストレートやスライダーを何%投げるかということがすぐに出てくるようになった。打者でいえば、ゴロやフライの比率、どの球種に強いのか弱いのかがデータで示される。これはいままでの新聞記者や解説者の仕事ではカバーしきれなかった部分で、アメリカでは数字に強い「野球オタク」が自分たちなりの分析をブログに発表するようになった。多くの野球ファンは地元紙の報道だけでなく、ブロガーのデータ分析を等距離で読むようになったのである。

こうした分析的手法を野球コラムの形で発表する人

たちのメジャー化が進み、現在ではロブ・ナイヤーのようにESPNのホームページでレギュラー執筆者となった人さえいる。このあたりの前歴を問わず、面白いもの、有益なものをどんどん取り入れていく姿勢は、ペイトリオッツもESPNも一緒である。

このインターネット発の「野球ブログ論壇」は、新聞記者にも影響を与え始めた。三十代の新聞記者のなかにはインターネットで発表されているデータを積極的に活用しながら、それを現場の情報と組み合わせ、記事を発表するようになった人もいる。データをいかに料理するかという分析力が新聞記者の力量を左右するようになってきたのである。

以前のように、選手のコメントを拾って、それが新聞の見出しを飾るようなスタイルは古くなりつつある。

経営的視点が番記者にも問われる時代

アメリカの新聞をインターネットで読んでいると、最近の新聞記事の傾向として、これまでの伝統的な取材方法である監督や選手の生の声を生かしつつ、さらに統計的なデータをミックスして記事に仕立てることが流行になりつつある。

取材力にプラスして、分析力をうまく統合できる記者が人気を集めているのだ。

そうした数値を用いた分析手法が必須《ひっす》になってきたのは、デポデスタのような野球の門外漢が球団の編成に携わるようになってきたからということも影響している。球団の編成担当が統計的アプローチを使う以上、それに沿った分析が記者にも求められるようになったのである。

新聞記者の「取材力×分析力」が有効になるのは、オフシーズンである。アメリカの球団は選手獲得に使う予算がある程度決まっている。その予算枠を取材によって探り出すのが記者の力量が問われるところだ。

その予算をどう振り分けるかが編成担当であるジェネラル・マネージャー（GM）の腕の見せどころだが、GMの思考を忖度《そんたく》するにはどういったタイプの選手にお金を使うのかという考察が欠かせない。

アメリカのメディアは、高すぎる契約を交わした時には、はっきりと「このGMはお金の使い方を知らない」と批判する。いまの景気状況を反映してか、少ない予算で強いチームを作るGMが称賛の対象になるのだ。

そうした経営的な視点を記者が持たない限り、現在のスポーツビジネスを読み解くのはむずかしくなってきたのだ。

記事やテレビのレポートをするにしても、経営的な視点を持っている人物の方に説得力がある。面白く読ませるには、そうしたスポーツ以外の教養が求められるような時代になってきた。

3　日本のスポーツビジネスはどうなっているのか？

日本のスポーツビジネスにも変革の兆しが

アメリカでは、スポーツの世界で勝利を目指すために従来とは違った発想を取り入れるようになり、メディアも大きく変わりつつある中で、日本のスポーツビジネスに目を転じると、どんな段階を迎えているのだろうか。

正直なところ、残念ながら日本のスポーツの現場では、アメリカほど大胆な人材登用は行われていないのが実情だ。競技経験のない人材が野球の編成に関わることはまだまだ少ない。

それでも流れは変わりつつある。二〇〇四年に日本のプロ野球界では球界再編成をめぐってストライキが行われ、各球団とも危機感を持つようになった。さらに近年はアメリカに留学し、実際にメジャーリーグの球団で働いた経験を持つ人材が日本に戻ってきているケースもあり、今後はアメリカ流の考え方が浸透していく可能性もある。

近年では、ビジネスの他の分野で成功した人材がプロ野球界で活躍している場合も見られる。楽天野球団の島田亨《とおる》オーナーは、大学卒業後に一般企業に就職し、人材派遣会社などを経て、楽天の球団経営にかかわるようになった。

楽天が初めてクライマックス・シリーズに進んだ二〇〇九年に取材をしたときにも、これまで日本球界では後回しにされがちだった選手の人件費など、「コスト意識」にも敏感で、アメリカ型の球団経営を意識していることが十分にうかがわれた。一般企業での経営経験が球団運営に大きく影響しているのだと思う。

なぜ、楽天がコスト意識に敏感かというと、本拠地のクリネックス・スタジアム宮城の収容人員が二万三〇二六人と他の球場と比べると少なく、他球団ほど入場料収入を見込めないという事情もある。湯水のように選手獲得に資金を投下するわけにはいかず、ある程度の予算を決めていると見られる。

島田オーナーがこれまでの日本球界の経営者と違っているのは、次のような発言が出てくることだ。

「選手の年俸は成績が上がれば当然、上がっていきます。そうなった場合、人件費が圧迫されるわけですから、トレードなどによって新陳代謝を進めていく可能性は将来的に出てくるかもしれません」

つまり、選手の年俸が高くなったならば、他球団の年俸の安い有望な若手とトレードも選択肢のひとつとして考えられる――楽天の編成においてはそういった発想がありうるというわけだ。こうした発想はこれまでの日本の球団にはめずらしく、アメリカの予算規模の少ない球団の考え方とまったく同じである。楽天がメジャーリーグの球団の経営方針の研究を進めているのは間違いないだろう。

だからこそ、これからは野球の経験うんぬんではなく、経営的視点を持って他の国の運営形態や他のビジネスのアイディアを研究しつつ、それを日本の球界に応用した場合、どのようなアプローチが可能なのか、そうした多角的な発想をする人材が球団経営にも求められるようになっていくはずだ。

十年間で急速に発達したのはアスリート・マネジメント

現時点では多様なアイディアを貪欲に吸収するほど、日本のスポーツ・マネジメントは肥《ひ》沃《よく》な大地にはなっていない。これからどれだけ土地を耕すことができるかが、将来の日本のスポーツビジネスの広がりを決めるだろう。

ただし、この十年間で急成長を遂げた分野がある。アスリート・マネジメントだ。日本のアスリートに取材を申し込む場合、選手によってさまざまな申し込みの形態がある。アマチュア選手の場合だと、統括団体（連盟や協会など）に承認を受けたあと、選手が所属している学校や企業に取材の申し込みを行う。実際、一九九〇年代中盤まではこれが通常の流れだった。

ところが一九九〇年代終盤からこの流れが変わった。さまざまな競技でプロアスリートが誕生し、選手たちは芸能事務所に所属するタレントのように、マネジメント会社に広報の窓口やCMなどの営業活動を委託するようになった。

それまでも野球やゴルフのプロ選手が、個人的にマネージャーを雇っていることはめずらしくなかった。それが個人ではなく、事務所が複数の選手をマネジメントする形態に代わり、スポーツがビジネスとして成り立つようになった。

近年、同志社大学や立命館大学など、スポーツ系の学部を新設した大学には必ずと言っていいほど「スポーツ・マネジメント・コース」が設置されるのは、こうした日本のスポーツビジネスの流れを受けているからである。

では、なぜスポーツ・マネジメントが急速に発展したのだろうか？　これは企業スポーツの衰退と関連している。

ここで日本のスポーツの歴史をたどってみると、戦前は学校が大きな役割を果たしていた。一九三二年に開催されたロサンゼルス・オリンピックでの個人種目で金メダルを獲得した日本人は六人いるが、いずれも大学で競技力を磨いた選手たちばかりだった。戦前のスポーツは旧制中学から高等学校、そして大学へと続く教育環境の中で、日本を背負って立っていくエリート養成のために、スポーツをすることが重視されていたと見ることができる。

これが戦後になると、企業スポーツの時代が到来する。戦後スポーツの特色は団体スポーツの重視で、企業に対する帰属意識、生産性の向上などさまざまな視点からスポーツが奨励された。代表的な例は、「東洋の魔女」と呼ばれた女子バレーボールチームで、日紡貝塚主体のチームが世界の頂点を極めた。

昭和の時代はトヨタ、日産といった自動車メーカー、松下電器（現パナソニック）、新日本製鉄、日本鋼管といった日本を代表する企業がスポーツをバックアップしていたのである。

企業に勤務しながらプレーする選手たちへの取材は、その多くが企業の広報部を通して行われていた。当時は運動部専門の広報担当者がいることは稀《まれ》で、広報担当は他の業務を兼業していることが普通だった。それに、広報戦略において、スポーツを積極的に打ち出してくる企業は少なかったように思う。企業としてはあくまで運動部を支援するという立場だったと思う。

この流れは一九九〇年代、つまり平成に入って悪い方向へと変化する。バブル経済が崩壊してそれまで選手の経済面（給料）、広報活動を支えてきた企業がスポーツから撤退し始めた。そうなると、選手たちのなかには活動の場を求めてやむなくプロにならざるを得ないケースも出てきた。

選手本来の仕事は試合で結果を残すことだが、プロとして活動していくためには資金が必要である。たとえば卓球の福原愛選手はわずか十歳でプロとなったが、その背景には遠征費などを工面するには、テレビなど媒体への出演や、イベントの参加がどうしても必要だったという事情がある。

それまでのアスリートだったら、企業が出張扱いで遠征費を捻出《ねんしゅつ》してくれることは珍しくなかったのだが、経済の悪化によって状況が変わってしまった。そこにマネジメント会社が入ることで選手の活動をサポートする方向にシフトしたのである。

大きかった肖像権の「奪還」

選手たちの商業活動が可能になった背景には、実は「肖像権」の問題がクリアになったことが大きかった。

肖像権とは、人が持つ姿、形や画像の持ちうる権利のことだ。

肖像権は一般的に「人格権」と「財産権」に分けられるが、誰《だれ》しも自分の顔や姿を無断で写真・絵画などに写しとられたり、それを展示されたりすることを拒否する権利がある。それは人格権の一部と見なされている。

アスリートにとって問題になるのは財産権の方で、著名であることから経済的な価値を持つと考えられる。ところが、日本のアマチュア選手には肖像権、より具体的に言えば財産権がなかった。アスリートの肖像権は長年、日本オリンピック委員会（ＪＯＣ）が一括管理し、選手たちが勝手に自分の肖像権を使って商業活動ができない仕組みになっていたのである。

しかしバルセロナ・オリンピック、アトランタ・オリンピックの女子マラソンで二大会連続メダルを獲得した有森裕子が、選手登録を行っていた日本陸上競技連盟に「ＪＯＣの肖像権一括管理対象からの離脱」を申し出たことから、日本陸連は有森の申し出を認め、ＣＭ出演を承認した。

これは何を意味するかというと、ＪＯＣと競技団体がようやく選手たちのプロ活動を認めたということなのだ。

それまでは、選手がオリンピック前の「がんばれニッポン！」のキャンペーンでＣＭに出演したとしても、出演料はもらえず、ＪＯＣの活動資金となっていたのである。しかしＪＯＣが肖像権を選手に返還することを認めたことで、すべての選手の商業活動が可能になり、有森につづく形で女子マラソンの高橋尚子、水泳の北島康介らがプロとして競技を続けることが可能になった。

だから一九九八年以前と比べてアスリートの露出が増えたのは、もともとは選手個人が持っている肖像権がＪＯＣから返還され、企業のスポーツからの撤退が増えたことが重なったからだと考えられる。そこにスポーツ・マネジメント会社が大きく成長するチャンスがあったのだ。

フジテレビでは、二〇〇〇年から「ジャンク・スポーツ」というアスリートたちによるトーク番組が作られたが、この番組が成立したのは、企業スポーツが衰退しスポーツ・マネジメント会社の勢いが増してきた時期と重なっている。

プロ活動が可能になり露出を望んだ選手たちと、スポーツ選手のプライベートを演出したい制作側の思惑が合致したと言えるだろう。

マネジメントの役割

現在、日本でアスリートが所属している事務所には、サニーサイドアップ（中田英寿氏、本田圭佑選手らが所属）、スポーツビズ（上村愛子選手らが所属）、吉本興業（斎藤隆選手などメジャーリーガーらが契約）などがある。

マネジメント会社の役割は、なにもメディアとのブッキングばかりではない。選手の法務、税務関係などの資産管理や、吉本興業のようにメジャーリーグを目指す場合には球団と契約内容を折衝するアメリカのエージェント（代理人）を紹介し、海外への移籍が決まった場合には住居などの生活面でのサポートを行うなど、その仕事は多方面にわたる。

また、私が現場で接している限り、女性の進出が目立つ職場でもある。

女性アスリートには女性の担当者がつくことが珍しくない。近年は日本人女性アスリートが世界で活躍する機会が増えていることもあって、メディアでの露出が増え、マネジメント会社で働く女性がサポートすることが目立っている。担当する選手が海外進出すれば、一緒に遠征に同行するケースも多い。

ただしスポーツ・マネジメントはまだ誕生して間もないこともあり、現状は現役選手のサポートを中心としているが、ゆくゆくは選手たちは現役を引退する。スポーツ・マネジメント会社が力量を問われるのは、選手たちが引退してからだといわれている。ユニフォームを脱いでから、どれだけ安定した生活をおくることができるのか。いわゆる「セカンド・キャリア」に向けて、選手とともに準備していくことが求められているという。

選手のセカンド・キャリアのための整備は、日本のスポーツの土壌を耕すことの一部でもある。

そうした場合、マネジメント会社のスタッフに求められるのはスポーツに対する知識やメディアへの営業力だけではなく、保険や年金といった経済面や税務面での知識も要求されるようになる。さまざまな能力、人脈が試されることになるだろう。

実はアメリカのエージェントの場合、選手のトレードが頻繁に行われることもあって、選手の生活面でのサポートが仕事の上ではとても重要になる。特に家族を持つ選手にとってはエージェントの持つ情報がとても頼りになる。

まずは住む家を探さなければならないが、そんな場合はエージェントが不動産業者を紹介してくれ、一緒に物件を見て回るのは珍しくない。さらに子どもがいる家庭の場合、親は評判のいい学校への入学を望む。アメリカでは住む地域によってかなりはっきりとした学力差が出る場合があるからだ。これもエージェントの情報網が役に立つ。

住む場所が決まれば、電気・水道といったライフラインの確保や、いざという時の病院、そして腕の立つ歯医者まで……。

エージェントは選手のリクエストに応《こた》えていく必要がある。

もちろん、携帯電話は二十四時間電源を入れ、いつでも電話を取れるようにしておかなければならない。電源を切るのは飛行機に乗っている間だけとも言われる。

スポーツという華やかな世界を支えているのは、こうしたエージェントやマネージャーの地道な仕事なのだ。

スポーツビジネスを志す人こそ、幅の広い勉強と経験を

スポーツの仕事にたずさわる人たちの地道な仕事ぶりを見ていると、日本のスポーツビジネスは発展途上の段階にあるのだと思う。

もう少し、段階が進んでいけばアメリカ流の斬新な発想が重視される時代がやってくるのではないか。

アメリカ的な合理主義や、マネジメント的な発想をスポーツの現場に取り込んでいく傾向は、日本にもゆるやかではあるが流入してきているからだ。

ある日本の球団幹部は、いろいろな経験をした人材こそスポーツビジネスに飛び込んできて欲しいと話す。

「プロのスポーツチームで働きたいと思っているならば、大学を卒業してすぐに就職する必要はないんです。正直、プロ野球チームは日本の企業が培ってきたような人事のノウハウがまだ未熟です。それよりもいろいろな勉強をし、企業で働いたうえで、どうしてもスポーツに関わりたいと思うのならぜひ飛び込んできて欲しい。これまでのスポーツ界の常識にとらわれない発想が必要ですから」

この言葉を聞く限り、日本ではスポーツビジネスはマネジメントの面で未熟な段階にあり、これから発展する可能性がまだまだある。

さらに日本で進んでいくのは「グローバル化」であろう。さまざまな競技を見ていると、日本国内だけで完結している競技はどんどん少なくなってきている。

卓球やバドミントンなどでは、オリンピックに出場するためには国際ランキングを上げる必要があり、一年の多くの時間を海外で過ごす必要がある。他にはバレーボールを見ても、毎年日本で開かれる国際大会は、世界中から参加国を招くことで成立している。日本のプロ野球も、将来的にはアジアにマーケットを拡大していく可能性もある。

日本で仕事をしていることが、そのまま世界へとつながっていく——。そんな時代が到来しており、その流れは加速していく。そんな時代だからこそ、より広く、より深い教養を身につけた人材がスポーツビジネスの世界に入ってくるならば、大きなチャンスを手にする可能性がある。

その源にあるのは貪欲な好奇心である。

しかもいま、日本ではスポーツの世界を志す人が大きなチャンスを手にできるように、さまざまな大学でスポーツを土台にした学部がぞくぞくと誕生している。

これは将来のスポーツビジネスの発展を予期しているかのようだ。

第2章　大学でスポーツを学ぶ

1　スポーツ系学部は新たなチャンスか？

「スポーツをする」から「みる」「ささえる」が加わった時代へ

第1章では日米両国でのスポーツビジネスの新しい流れについて概観してきたが、ひとつの流れとして、「知恵」がスポーツの分野で重視されるようになってきた。今後、この流れが太く、大きくなっていくと予想されるが、ひとまず第2章では日本の大学レベルでの新しい流れについて考えてみたいと思う。

最近の大学進学の傾向をみると、大学は学問をする場所である以上に、「就職力」に直結している学部の人気が高くなっている。現実問題として就職難の時代がつづいているわけで、人気の学部を見ると看護系学部の人気が高くなっているのは、就職率がよく、将来への見通しが立ちやすいからだろう。

いざ、スポーツの仕事がしたいと考えるなら、どんな学部を選んだらいいのだろうか。大学でも体育会でスポーツを続けようと思っている人たちは、競技を続けられる環境を重視するのは当然だろう。体育大学もあるし、専攻したい勉強があれば両立を図る道もある。

指摘しておきたいのは、二〇〇八年以降、スポーツ系の学部が全国で十を超える大学で新設されていることだ。これは将来、スポーツを志す学生にとっては選択肢が増えたことを意味する。

将来、スポーツを仕事とするうえで知っておいてほしいのは、まず、スポーツと社会の関係性だ。一般的に現代のスポーツのモデルは、「する・みる・ささえる」の三つの要素から成り立っているとされる。

「する」はいうまでもなく、自分がスポーツを行うこと。しかしその意味の幅は広がっていて、野球、サッカー、相撲《すもう》といった代表的なプロスポーツだけでなく、多くの競技でプロ選手が誕生していることをはじめとして健康づくり、高齢者の生涯スポーツまでが含まれる。

「みる」は、メディアの発達とともに豊かになってきた分野。かつて日本ではラジオの発達で野球、相撲が全国的な人気になり、テレビ時代の到来で巨人が人気を博した。そして一九八〇年代後半からは衛星放送が、そして一九九〇年代からはインターネットの発達によって

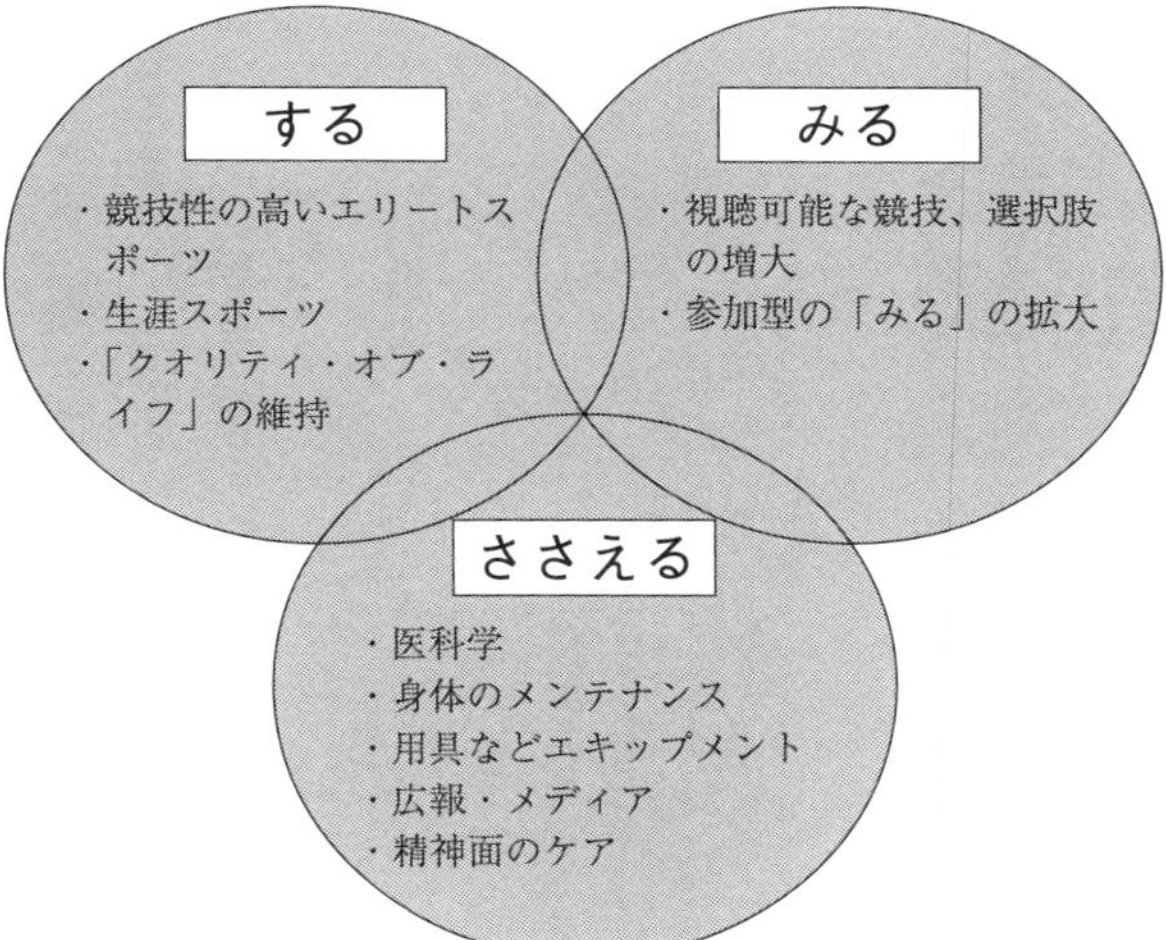

スポーツの３つの要素

世界中の主なスポーツの情報を瞬時に入手することが可能になった。この「みる」という行為も経済効果の向上だったり、競技力のアップにつながることを忘れてはならない。近年ではオリンピック、サッカーのワールドカップなどのビッグイベントでの放映権料が莫大となり、ひとつの市場を形作るようになった。二〇一〇年のサッカー・ワールドカップにおいてスカパー！でコメンテーターを務めたイビチャ・オシム氏は、

「サポーターのみなさんは代表だけでなくＪリーグの試合に足を運び、選手たちにプレッシャーをかけてください」

と話した。サポーターの批評眼が選手の

プレーの向上につながり、ひいては日本代表の強化につながるという貴重な意見だった。

そして「ささえる」。プロスポーツの選手といえども、さまざまな支えがなければ仕事として成立しない。プロ野球もファンが球場に足を運ばなければ球団経営は成り立たない。選手はベストのパフォーマンスを披露するために、トレーナーや栄養士のサポートを受ける。また、メディアも報道することでスポーツに支えられ、支えてもいる。

つまり、「する・みる・ささえる」が重なり合いながら、スポーツは成り立っているのだが、大学が三つの要素を深く掘り下げていくことで特色を出しつつあり、従来の「体育系」という大学のイメージを払拭《ふっしょく》しつつある。これまでの日本の大学にはなかった動きである。

スポーツ系学部ではどんなことが学べるのか？

では、近年に誕生したスポーツ系の学部を見てみよう。

・二〇〇八年

桐蔭《とういん》横浜大学　スポーツ健康政策学部

同志社大学　スポーツ健康科学部

立教大学　コミュニティ福祉学部　スポーツウエルネス学科

大阪電気通信大学　医療福祉工学部　健康スポーツ科学科
大阪産業大学　人間環境学部　スポーツ健康学科
聖カタリナ大学　人間健康福祉学部　健康スポーツマネジメント専攻
・二〇〇九年
法政大学　スポーツ健康学部
國學院大学　人間開発学部　健康体育学科
・二〇一〇年
立命館大学　スポーツ健康科学部

スポーツと名称のついたものをとりあげたが、今後、設置を予定している大学もある。では、何を学べるかというと既存の学部も含めると次のような系統に分類することができる。

★競技スポーツ系……将来は競技者として活躍することを念頭に置きながら、大学で理論やさまざまな競技を学んでいく。高校時代からハイレベルな環境でプレーし、大学でもトップレベルを目指す人には最適な環境。体育大学が分かりやすい例。また、特定の強化指定部を有する大学では推薦枠を設けているところもある。

★学校体育系……教員養成を目的とするコース。将来、学校で教鞭《きょうべん》をとりながら、運動部の監督になろうとする学生が多く学ぶ。その競技が好きで好きでたまらず、ずっとそのスポーツに関《かか》わろうと考えたとき極めて現実的な選択肢と言える。中学校、高校では日本体育大学、筑波大学の教員就職の強さが目立つ。教職を志望するならば体育系学部を選択するのが現実的かもしれない。また、近年は初等教育における体育の役割が見直される傾向もあり、「心と体のバランス」を重視する方向も見える。以前は小学校の教員免状は国公立大学の教員養成学部でないと取得できないことが多かったが、最近は私立大学で取得できるところもある。

★社会・生涯教育系……昭和の時代まで日本のスポーツは学校が中心だったが、平成に入ってからは生涯スポーツの比重が高まっている。地域住民向けのスポーツ教室、あるいは高齢者の身体活動をサポートするなど成長が望める分野と期待されている。新しくできたスポーツ系学部では、ＹＭＣＡやフィットネスクラブと提携して実習を行う大学も増えている。

★アスレティックトレーナー系……大学進学時点で希望者が多い分野。人体についての理解を深めながら、アスレティックトレーナーとして実践的な技術を学ぶ。最近は大学の運動部で学生トレーナーが活躍するところが増えてきている。卒業してから鍼灸《しんきゅう》師の資格を取る人も多い。また、フィットネスクラブなどで指導に当たるインストラクターへ進む道もある。

★スポーツ医科学・栄養学系……医科学系は、運動生理学やスポーツ心理学、あるいはバイオメカニクス、コンディショニングなどを体系的に学んでいく。医学の分野ではアンチ・ドーピングなどの研究にもたずさわる。また、運動処方などを行う「理学療法士」も近年人気が高い。いっぽう、栄養学系はアスリートを栄養面から支えていく人を養成する。今後、「クオリティ・オブ・ライフ」がより重視され、生活習慣病の予防にも栄養学的な視点が重視されていくと予測されるので、成長が見込める分野。

★スポーツビジネス・マネジメント系……近年、急速に発展してきたスポーツ選手のマネジメントやビジネス分野の学問を、インターンなどを経験しながら学ぶ。

ひと口に「スポーツを学ぶ」とは言っても、これだけ多様な分野がある。大学進学を考える時点で、将来、自分がビジネスの方向に進みたいのか、人の体を研究したいのか、あるいはは指導者になりたいのかといった大まかな将来像はえがいておくべきだと思う。ただ、現実的には志望動機は漠然としているはずだ。そんなときに大切なのは自分の「好きなこと」に正直であることだ。何が好きなのかを見極め、新しい学部のコンセプトを理解したうえで入学すれば、将来仕事に就いてからも、プラスになることが多いはずだ。大学での貴重な四年間を無駄にしないためにも、十八歳の時点での「自己分析」をしっかり行いたい。

多面的な勉強ができるスポーツ系学部

これだけ多くのスポーツ系学部が設置されると、大学側にとっては新しいビジョンを提示するチャンスとなる。私が注目しているのは、各大学がこれまでの体育学部や教員養成系の学部とは違った「特色」を出そうとしているからである。それは各大学の知恵の比べ合いと言ってもいいかもしれない。

もし、スポーツに関心があるならば、新しく設置されたスポーツ系学部はその好奇心をさらに強めてくれる可能性がある。そう考えるようになったのは、二〇〇九年の秋に、新しく設置を控えた立命館大学スポーツ健康科学部にWEB原稿の取材で訪れたときからだ。

京都駅から東海道本線に乗って約二〇分。南草津駅で降り、バスに乗って立命館大学の

アメリカの大学をほうふつとさせる立命館大学びわこ・くさつキャンパス

「びわこ・くさつキャンパス」に到着する。広大なキャンパスを見ると、アメリカで取材に訪れた大学を思い出した。広く、美しく整備され、体育会が練習に使うグラウンドも十分に用意されていた。

立命館大はこのキャンパスに、二〇一〇年四月にスポーツ健康科学部を設置したが、そのときの取材では、「どんなことが学べるのか?」、「どんな人材を育成したいのか?」といった将来のビジョンを新しい学部に着任予定だった先生方に話を聞くというものだった。印象深かったのは伊坂《いさか》忠夫教授の話だ。なにより驚いたのは立命館大学スポーツ健康科学部から育ってほしい人材として、

「宇宙飛行士になるような学生が育てばいいんですけどね(笑)」

と先生が話したことだ。これは学生たちにそうした野

心を持ってほしいということであり、学部側もそれに見合った教育を行っていくという意志の表明に聞こえた。

ああ、この学部はこれまでの教員養成を主としてきたスポーツ系学部とはまったく肌合いの違うものを作ろうとしているのだ……という意欲が伝わってきた。もちろん、教員養成を否定しているわけではない。スポーツ教育を行うコースもきちんと用意されている。

私にとって興味深かったのは、立命館大スポーツ健康科学部は体育の実技試験を課していないことである。

これは大きなポイントで、教員養成系の学部は実技試験を課しているところが多く、高校で運動部に入っていることが最低条件となる。しかし、近年誕生したスポーツ系学部は実技試験がない学部も多く、たくさんの学生に門戸を開いている。ただし、入学してからは実技科目も多いから、実際に運動することが好きな人の方が望ましいことはたしかだ。それでも、スポーツを学びたい人にとってはチャンスが広がったことは間違いない。

伊坂教授は新しい学部に、こんな期待を抱いていた。

「スポーツを通していろいろなことにチャレンジできる可能性があります。将来的にスポーツや教育の分野で活躍するのはもちろん、研究分野や国際的な機関で働く人材に成長するチャンスもあると思います」

二一世紀のスポーツ系学部は、スポーツを通じてさまざまな分野に興味を派生させていくチャンスがある――それが最大の特徴になれば成功と言えるだろう。

えっ、簿記の授業があるの?

さらに面白いと思ったのは、立命館大学のスポーツ健康科学部は一回生(一年生のこと)のカリキュラムのなかで前期セメスターに「基礎数学」と「簿記入門」、後期セメスターには「基礎理科」が基礎専門科目としてコア(基盤専門科目)になっていることだ。

一般教養の自然科学系の科目は選択性になっている大学が多いはずだ。しかしスポーツの現場を取材して、いまなら数学や理科、そして簿記を基礎ではあるが大学で勉強する価値が理解できる。なぜなら、第1章で書いてきた通り特にアメリカのスポーツビジネスの世界では数学、統計学的を駆使できる人材がモテモテだからである。

もちろん、就職してから必要なことを勉強できないことはないが、大学時代のようにあらゆる知識をスポンジのように吸収できる時期に幅広い勉強ができるのは人生にとってプラスになる。

立命館大学からオリックスに進み、その後メジャーリーグのロサンゼルス・エンジェルス（当時はアナハイム・エンジェルス）とシアトル・マリナーズに移籍した長谷川滋利氏は立命館大学経営学部の卒業生だが、かつてこんなことを話してくれた。

「引退してからいろいろな業種の方と仕事で接する機会がありますが、いまになってみると大学でいちばん嫌いだった「簿記」が大切だってことが分かるんですよ。もっと前向きに勉強していればよかった（笑）」

人は働くようになってから、自分に必要なものを理解するようになる。大学時代はどうしても「食わず嫌い」になりがちだが、どういう発想がスポーツビジネスで役に立つかは分からない。

メジャーリーガーといえど、実態は個人事業主と一緒だ。アメリカで大変なのは州ごとに税金の制度が違うので、遠征先の州の滞在日数などによってメジャーリーガーも税金を徴収される。また、クラブハウスのお世話をしてくれるスタッフに対するチップはシーズン最終日に払うが、これも経費にできる。知らないと損をすることが多いので、しっかりとした管理をするためには簿記などの基礎知識があった方がいいのだ。

大学の方に話を戻すと、一回生の時点で「スポーツ法学」、「スポーツ統計論」、「スポーツマネジメント論」と並行して自然科学的な視点の教養科目を勉強するのは自分の「幹」を太くすることにつながる。

スポーツという幹を中心に、経済学や経営学、しかも望めば工学的な分野にも興味の幅を持たせることができる。漠然とスポーツの世界に憧《あこが》れを持っている人がいたとしたら、幅広い教養を学びながら、将来の方向性を探っていくことができるのではないか。

実は伊坂教授自身が幅広く研究分野を広げてきた人なのだった。大学では社会学を学び、大学院でスポーツ科学、それから工学へと専門領域を広げていったというのである。

「私の場合、「学問のごった煮」がいろいろなアイディアを生んでいった部分はあるんですよ」

まさにスポーツ界で実際に進んでいる知識、教養の横断的な統合が研究の世界では行われていたということだろう。

さらに伊坂教授は、これまでの「文系」、「理系」といったコース分けにはこれからはあまりこだわる必要はなくなってきたとも話す。

「人間、文系と理系には簡単には分けられません（笑）。スポーツ健康科学部では学際的にさまざまな分野の学問に触れていってほしいと思います。もちろん、体育の先生になることも可能ですが、入学したときからそう考えることで自分の可能性を閉じているとは思いませんか？　スポーツ健康科学部で学ぶことで、自分の違った可能性に気づく場合もありますから」

スポーツを学ぶ一年生の証言

では、実際に関西にあるスポーツ系の学部の一年生に、どんな経緯でスポーツを学ぶようになったのか、そしてまたどんな勉強ができるのか取材をしてみた。

取材にこたえてくれたTさんは二十一歳の一年生。いろいろ苦労があったようだが、二〇一〇年に大学に入学した。

「高校時代、二年間学校に行かず、引きこもりになってしまいました。学校に行こうという気持ちはあるんですが、朝になるとどうしても体が動かなくなってしまって……。いろいろ将来について考え、「いちばん好きなものはなんやろ？」と自分に質問したときの答えが「スポーツ」だったんです。中学時代のバレーボール部の仲間とは引きこもりの間もサッカーをしたりして、本当に救われたんです。そこでスポーツの力に気づいて、将来はスポーツの仕事ができたらなと思うようになりました」

Tさんは十七歳、順当に行っていたなら高校三年生の春、定時制の高校に通い始めた。一日の生活は昼ごろから始まり、夜六時からの授業の準備をする。九時過ぎに授業が終わってから陸上部の部活に参加。帰宅は十一時過ぎになっていたが、それから深夜に放送されるアメリカンフットボールやバスケットボールを見るのが日課になっていった。

スポーツが興味の分野だと自覚すると、読書にもスポーツジャーナリズムの本が増え、ジャーナリストやチームの運営に携わる仕事が存在することが分かってきた。高校の卒業が近づいてくると、自然と進学先としてスポーツ系の学部を考えるようになった。

「一般の総合大学でスポーツが学べるんだな、というのが新鮮で、いろいろな視点が学べるという期待がありました。もう競技者としてスポーツを続けていくのは難しいと分かっていたし、自分がインストラクターになったり、選手たちをサポートする仕事に就きたいと思うようになっていたので、スポーツ系学部をいくつか受験しました」

晴れて大学に合格したが、実際に大学の教室ではどんな勉強をしているのだろうか。

「授業では健康について基礎的なことを勉強しています。実技も多く、サッカー、武道、それにジョギングやウォーキングの授業もあります。どれくらいの心拍数で運動すれば効果的なのか、正しいウォーキングの姿勢などを学んで実際に運動するんです」

ふだんの授業から、将来的に生涯スポーツの指導員としてすぐに使えるノウハウなどが盛り込まれているようだ。そのほか、スポーツビジネスの現場での学習もある。

「実践的な授業としては、「プロ野球の球団は、なぜ球場における観客の滞在時間を延ばそうとするのか」というレポートを球場に行って見学などしながらまとめました。なかなか経験できないことを大学にいることで学べましたね」

これはマーケティングの基本的なレポートだ。スポーツ系の学部でこうした視点の課題が出ることは、スポーツにおける学問が変わってきたことを示しているのではないか。私の経験でいえば、広告代理店の新人時代、同じような視点のレポートを提出したことがある。実際にフィールドワークに出て、人とは違った視点を探しながらレポートをまとめる。スポーツのフィールドにおける「知恵」を大学一年生の段階からトレーニングできるのは羨《うらや》ましい。

Tさんは、サッカーの実技でサッカー部の選手たちと一緒にプレーできることも勉強になると感じている。

「高校でかなり高いレベルでやってきた選手と一緒に練習ができるのは、得がたい経験です。技術が本当にすごい。実際に試合に出ている選手たちに尊敬の念が湧いてきます」

Tさんは他にも学内の「スポーツ応援プロジェクト」にかかわっている。クラブの戦績をホームページにアップしたり、選手に取材をしたりして記事をまとめるのだ。いわゆる広報的な仕事だが、大学でさまざまな経験ができることに満足しているという。

スポーツ系学部設置の意味

個人的には新設のスポーツ系学部には新たな学び、そしてキャリアのチャンスが広がっていると思う。

実はスポーツ系学部の新設ラッシュには、大学での体育実技が必修科目ではなくなり、教員の再編成に迫られていたという現実があるが、もうひとつ大学側の狙《ねら》いとしては、体育会の強化がある。以前は体育会のルートで大学に入学が決まったはいいが、四月になって大学に入ってみると、自分が希望していた学部ではなかった……という笑うに笑えない話が本当にあった。

最近は全国的にも知名度が高いブランド校までもがスポーツ系学部の設立に熱心なのは、「スポーツの持つ力」に改めて目覚めたことが大きい。各大学とも少子化の時代を迎え、いまは大学間の競争が激しい。そのなかでスポーツの影響力は高く評価され、特に箱根駅伝が関東の大学では大きく注目されるようになった。

箱根駅伝が日本テレビ系列で中継されるようになったのは一九八七年からだが、活躍した学校がその年の入試で志願者を伸ばす傾向が、一九九〇年代から見られた。近年でも二〇〇九年に初優勝した東洋大学は、志願者数を大きく伸ばした。全学部で約一万人近く増え、これはリーマン・ショックの後で私立大学が志願者数を減らしている中では、特異な数値だった。

箱根駅伝が行われるのは毎年一月二日と三日。ちょうど出願時期の前であり、箱根駅伝で好成績を残した大学は出願者を増やす傾向にあるのだ。

単純に検定料（受験料）を三万円と計算し、一万人の増加があると前年比で検定料だけで三億円以上の増収があったことになる。

経営的な面だけでなく、体育会や運動部が活躍することは学生、そして卒業生の「プライド」の醸成につながる。各大学とも母校愛をいかに持ってもらうかは重要な課題になっているが、学生たちが必死に頑張っている姿はどんな情報よりも伝わる力が強い。

こうしたさまざまなスポーツの力を認めたことで、各大学はアスリートにトレーニングに励みやすい環境づくりを進めている。特に近年では、各大学の強化指定部となった体育会には予算を上乗せさせるなど、大学側も支援を惜《お》しまない。ただし、駅伝などでは大学間の

「支援競争」が進んでおり、やや過熱気味。それでも環境の整備はそのまま競技力向上につながることが多いから、大学でも真剣にスポーツに取り組みたい学生にとっては絶好の機会になる。また、学問の面でも幅広い教養を身につける機会ができたことは学生にとって大きなプラスだし、日本のスポーツの風土を耕すことにもつながっていくはずである。

また、スポーツ系学部を新設することで、スポーツをアカデミックな面から支援しているというメッセージを大学側は発信していることになり、新学部の設置は選手獲得の道筋をクリアにするだけでなく、PR面での効果も大きい。

2　体育大学で学ぶ意義

体育大学が生き残る方向性は?

これまで近年になって設置されたスポーツ系学部の可能性を見てきたが、それまではスポーツを学ぶと言えば、体育大学や教員養成系の大学に進むのが一般的だった。

現在、スポーツビジネスでは「知恵」の部分が求められ始めているし、新設のスポーツ系学部ではそうした需要に対応するようなカリキュラムが組まれている。

そういう状況になったとき、既存の体育大学がどんな特色を出していくのか？　そこが興味深いポイントになる。実際、取材の現場では体育大学は選手のリクルートの面ですでに遅れを取っているからだ。学生の親の立場からすれば、「同じ体育を専攻するのでも総合大学の方に進んだ方が就職には有利では……」と考えるのが自然である。いろいろな状況を総合すると、体育大学は攻め込まれている印象を受ける。

では、体育大学が新しく生まれたスポーツ系学部に対抗して、改めてその存在感を出していくためにはどうすればいいのか。大きくわけてふたつの方法があると思う。

①総合大学化を図る

現在は総合大学側がスポーツのテイストを強めている。サッカーの用語を使うなら、「体育大学の強みを消しつつある」。それに対抗する手段としては体育大学の方が総合大学的な要素をカリキュラムに取り入れていくのも、ひとつの方向性である。現状は体育大学側もしっかりと定員が埋まっているが、今後、ブランド校のスポーツ系学部が就職実績を残すようになると、質の高い学生が今よりもっと総合大学に流れる可能性も出てくる。方向性として総合大学との提携を含めた戦略がとられても不思議はない。

②体育大学の原点に返る

新設の学部名に「体育」の文字が入らないのは興味深い。必ず「スポーツ」と入れるのは、体育とスポーツが近いようで違う価値観を持っているからだろう。体育は身体教育の側面が大きく、スポーツはより広く「遊び」の意味合いを含んでいる。だからこそ新設学部は知恵を盛り込むべくカリキュラム作りにも腐心する。

この大きな流れのなかで体育大学は原点に返ることが存在感を示す有効な手立てに思える。体育大学の強みは多くのスポーツに取り組んできた歴史、人脈にある。正直、実技の授業の選択肢の幅の広さは、総合大学が追い付こうとしても追いつけるものではない。原点である実技に特化していくことで優位性を保つことが可能ではないか。

スペシャリティの強み

もともと体育大学は教員養成に強く、就職面では公務員、それに一般企業への就職も強い。特に一般企業には体育会の先輩のルートもあるし、熱心に四年間スポーツに取り組んできた実績を評価する企業も多いからだ。実際の体育系学部出身者の進路先を見てみよう。

★筑波大学（体育専門学群、二〇〇八年度卒業生）

企業　47％（一〇六人）
進学　28％（六三人）
教員　20％（四五人）
公務員　5％（一〇人）
★日本体育大学（日体大ホームページより）
企業　56％
教員　25％
進学　10％
公務員　9％
★順天堂大学（スポーツ健康科学部、二〇〇八年度）
企業　24・6％
教員　19％
進学・留学　15・6％
公務員　11・2％
スポーツ関連企業　9・5％

プロ実業団　５％
医療福祉　５％
その他　10・１％

私が期待したいのは、これから日本では個人個人が健康を保つことがそのまま国の財政負担を軽くすることにつながるなど、健康維持が重視され、それにともなってスポーツの価値が増していくことだ。つまり、「クオリティ・オブ・ライフ」、生活の質が問われていくことになる。

そのためにはふだんの運動が不可欠になる。そうすると適切な指導ができる教員、指導員の存在価値が高まっていくと予想される。学校体育から「みんなの健康」へ。その分野での独特の指導法を確立すれば、体育大学出身者だけでなく、体育大学の存在意義も増してくる。

そのためには、実技の面で欧米の最新の教育方法を取り入れるなど、一般大学を圧倒する必要がある。究めることで見える「知恵」が必ずあるはずだからだ。これからは「体育」という概念を拡張させていくことが必要だと思う。指導面での従来の財産を生かしながら、体育大学なりの視点で体育とスポーツの融合を進めていけなければ存在価値が増すのではないか。

体育大学で学ぶことの財産とは？

新設の学部がスポーツと学問の融合を図っているなかで、体育大学のアドバンテージがどこにあるのか、自らも大阪体育大学に学び、卒業後はベースボール・マガジン社に入社、のちに「ラグビーマガジン」編集長として活躍した村上晃一《こういち》さんに話をきいた。村上さんは自分の体験だけではなく、後輩たちの進んだ道を見たうえで、「大学時代に高いレベルでスポーツを体験することの重要性」について話してくれた。

「自分がやってきた競技が好きで、将来はその指導者になりたいから体育大学を志望する人が多いんです。大学に入学した学生のうち、八割は部活に所属していましたし、みんな、高校時代はインターハイに出場したり、県大会でも上位に進出していたような高いレベルでやっていた人たちばかりです。おそらく高校の体育では全員が通知表で「5」を取っていたと思うんですが、不思議なことに大学ではそのなかでも優劣がつく(笑)。もちろん、自分が続けてきた種目では優秀ですが、あまり触れたことのない競技は苦手だったりします」

村上さんの経験では体育大学で学ぶことの意義は、やはり実際に体を動かし、さまざまな競技を学ぶ機会を与えられる点だという。

「スポーツ界でもマネジメントの重要性が言われるようになっていますし、新設のスポーツ系の学部がその点に力を入れるのも分かります。ただ、身体を動かすことの重要性が忘れられては絶対にいけない。体育大学に進むことの最大のメリットは、いろんなスポーツを高いレベルで経験できることなんです。スポーツをするのが好きで好きでたまらない人には、最高の環境だと思いますよ。サッカー、ハンドボール、同じ授業で全国レベルの選手と一緒にプレーできるなんて、なかなか経験できることじゃありません。これは仕事を始めてからの経験からも言えることなんですが、「本物」のプレーに直《じか》に接することができるって、本当に財産になるんです。実際に体を動かすことで体験していれば、社会に出てからは考える力が伸びますから、体と頭がうまく融合するようになる。その意味で、とことん体を動かすことは人間にとって重要なことだと思います」

村上さんが学んだ一九八〇年代から現在にいたるまで、体育大学では実技の授業がびっしり組まれている。

「一年生のときはサッカー、柔道、テニス、陸上競技、レクリエーション、水泳、バスケットボールの合計七種目を履修したのかな。ある曜日は、1限にサッカー、2限にバスケット、3限は空き時間で4限に柔道という日がありました。もちろんそれでは終わらなくて、午後は部活（笑）。もうクタクタですよ。実は体育大学の部活、体育会が思い切った厳しい練習ができない場合があるんですが、それは朝からのハードな授業で疲れているという事情があるからです」

さまざまなスポーツを体験することは、後々プラスになることが大きいという。たとえば指導者になった場合、他競技の練習方法が自分の専門とする競技の練習に応用できたりするので、考える力、想像力を発揮すれば大学時代の経験をプラスに変えることができる。これは社会に出てしまうと経験できないことだ。これを成長分野である一般、生涯スポーツの分野で応用することは知恵があれば十分に可能だろう。

そして村上さんは、体育大学が持つ強みは昔もいまも変わっていないという。それは人の力だ。

「体育大学に進学する時点で、ひとつのことに集中しているということなんです。具体的には自分のやってきたスポーツで、さらに上のレベルに到達したいからこそ体育大学を選ぶんです。十代なのに、人生を決めてる。その意味ではすごく純粋で、そういう人間が集まっているからこそ、体育大学の魅力があるんだと思います」

そしてそれが「就職力」にも直結しているという。

「卒業してからいろいろな学生、そしてOBを見てきましたが、体育大学に入ったなら徹底的にスポーツに打ち込んだほうがいい。仕事に必要な「知恵」は意欲があれば就職してからでも十分に身につけられます。実際、企業の方は「四年間、何に打ち込んできたか？」という部分を見ます。いま、不景気は続いていますが、体育会の学生の場合、正直なところ何を勉強してきたかというよりも、四年間ひとつのスポーツに打ち込んできたことを評価してくれる企業が多いはずです。実のところ、トップアスリートの場合は、競技の実力で就職が決まってしまいます。僕の場合、ジャーナリズムの世界に進みましたが、とことんラグビーをやったことが、いまの仕事にもつながっているわけです」

二十年以上ジャーナリズムの世界で活躍してきた村上さんだけに、大学時代に多面的な勉強をしたほうがいい……と話すと予想していたが、意外にも徹底的にスポーツをすることで活路が開けるという助言をもらった。これは貴重な意見だと思う。ここに今後の体育大学の方向性があるのでは、というビジネスからのアドバイスにも思える。実際に体を使う、教えるといった面ではいまも体育大学の学生にアドバンテージがあるはずだ。そこにアイデンティティが宿っている。

スポーツ系学部と体育学部の競争が内容の充実を生む

まだ生まれたてといっていい、新設のスポーツ系学部と、老舗《しにせ》といってもいい体育大学。少子化の流れはしばらく続いていくわけだから、今後は両者の間で競合関係が続いていくと思われる。

そうなると利益を受けるのは受験生であり、大学生だ。選択肢が広がり、大学側はよりよい環境づくりを進めていくだろうから学びの場として充実していくことだろう。

大学を選ぶにあたっては、自分の好きなこと、そして得意なことをしっかりと見極めて行きたい。競技で勝負しようとしている人は解が明快かもしれないが、実技をたくさん学びたい、あるいは競技をサポートする側に回りたいと考えた場合にどの大学が充実しているのか、自分の力で探究を進めることが必要だと思う。大学側もカリキュラムのどの部分に特色があるのか、これからどんどん打ち出してくるようになるはずだ。

就職に関しては新設学部の数字が出てくるまでは判断ができないが、今後は大学によって就職に強い業種が出てくる可能性がある。体育大学はその点、教員養成にはノウハウがあるわけだからアドバンテージを持っていることになる。

カリキュラム、就職にしても「特色」の時代だ。自分に合致した色合いを見つけて行くことが大切だと思う。

第3章　スポーツの世界で働く人たち

ここまではスポーツを学ぶ場所や、働く場所でどのような変化が起き、どういった状況になっているかを概観してきたが、この章では私がスポーツジャーナリストとして仕事をするなかで出会った、印象深い人たちを紹介していきたいと思う。

いずれも、気持ちよく仕事ができた方、あるいは信頼できる方に紹介していただいた第一線の人たちばかりである。

取材をするにあたって、これからスポーツの仕事をしたいと切望する人たちが読んで、「あこがれ」の存在になれる人たちにお願いしようと思った。具体的には次のような要素を持っている方々だ。

・自分の仕事に誇りを持っている
・国際感覚を持って仕事に挑んでいる

・仕事に就いた後、あるいは希望する仕事がありながらも転機を迎え、それをプラスに変換できた人たち

その結果として「雲の上の存在」のような人たちを選んでしまった気がしないでもない。メンタルトレーナーの田中ウルヴェ京《みやこ》さんはオリンピックのメダリストだし、森本貴義《たかよし》さんはメジャーリーグ、シアトル・マリナーズのトレーナーを務めている。

そして岩瀬史子《ふみこ》さんはオリンピックのメダリストの広報をつとめ、ミズノの大本拓《たく》さんはサッカーのワールドカップでもプレーした世界トップクラスの選手たちのサポートをしている。

いずれも、その世界でトップクラスの仕事をしている人たちばかりである。

しかし、みなさんにはここで紹介する人たちのことを、決して遠い存在とは思わないで欲しいのだ。

私としては第一線で結果を残している人たちを紹介することで、あこがれの気持ちを抱いたり、将来、自分が成功するイメージを作ってもらえたらうれしいと思っている。

私のモットーとして、手本となるべき人は、最高の人がいいと思っている。

蛇足だが、私は数か月に一度、カーリングを楽しむ素人カーラーだが、師匠はバンクーバー・オリンピックで解説を務めていた小林宏さんだ。師匠・小林は最初のレッスンで、こんな言葉をプレゼントしてくれた。

「初心者であっても、戦略は世界のトップレベルを目指すこと。技術は未熟であっても、後からついていきます」

はじめの一歩こそ、素晴らしい先輩たちの声に耳を傾けたい。

（所属、肩書きはすべて二〇一〇年七月時点のもの）

1　海外プロモーションの仕事

◆ミズノ スポーツプロモーション部 大本拓《たく》さん（一九八二年生まれ）

サッカー・ワールドカップも仕事のひとつ

大本さんは現在、ミズノで海外でのプロモーション担当をしている。

どんな仕事かといえば、陸上、サッカー、バレーボールなど複数の競技にわたって、選手のサポートを行う仕事である。

担当する選手のなかには二〇一〇年サッカー・ワールドカップで日本代表として活躍した本田圭佑選手もいる。ワールドカップを前にした大本さんの仕事はどんなものだったのだろうか？

「本田選手はミズノのシューズを履いてワールドカップの舞台に立ったわけですが、まず、私の仕事としては合宿地に出発する前に日本国内で四足、シューズを渡しました。もちろん、それまでにシューズを履いてもらって感想を聞き、それを商品開発にフィードバックしていきます。そして選手に納得してもらえるシューズを履いてもらうようにします。日本で納品した後は、フォローということで合宿地のスイスまで足を運びました。何が起きるか分かりませんから、責任をもってフォローしなければなりません」

本田選手がワールドカップであげた二点は、大本さんが手渡したシューズから生まれたことになる。

その他にもサッカーではポルトガルのフッキ、マンチェスター・シティのロケ・サンタクルス、またサッカーだけではなく女子マラソンやバレーボールの選手たちも大本さんは担当している。

担当する選手たちが大きな大会に出場するとなると、大本さんも現場に足を運ぶ。オリンピックや世界選手権といった大きな場である。

しかし大本さんはもともと選手をサポートする立場ではなく、自らもプロサッカー選手を目指していた。

では、なぜ彼は選手をサポートする側に回ったのだろうか。

Jリーガーを目指していた高校時代

大本さんは一九八二年、宮城県生まれ。サッカーは九歳のときから始めたが、その他にも水泳では国内の有望株がそろうジュニア・オリンピックに出場、スキーでも県のチャンピオンになるほどだった。

中学校は仙台にある蒲町《かばのまち》中学校に進学。卒業生には浦和レッズで活躍した土橋正樹など、サッカーの名門校だった。大本さんはサッカーの強豪校からも勧誘を受けたが、文武両道を目指して高校は名門・仙台一高に進学し、サッカーはベガルタ仙台のユースチームでプレーすることにした。

「中学が終わった時点で留学したいくらいでしたが、祖父に「高校受験の勉強をしっかりすることが条件だ」と言われて真面目《まじめ》に勉強しました。高校に入ってからは授業が終わるとグラウンドに向かって、帰宅するのは夜の十二時前くらいでした。それでも順調で、充実していましたね。高校二年の春には「高校を卒業したら、プロとしてやってみないか?」と誘いも受けて、それならば徹底的に自分の課題の克服に取り組もうと、練習が終わってからの自主練習を欠かしませんでした」

しかしそれがアダとなる。自宅近くのアスファルトの上でステップワークの練習を重ねた結果、足を疲労骨折。結局、高校二年の間はリハビリに明け暮れてしまう。

「いまになってみると、自分の知識不足がケガを招いたことがよく分かります。それでもこのリハビリを通して、トップチームのフィジカルコーチと接点が出来て、チームとは選手だけで成立しているものではないと気づかされたんです。高校三年生になって復帰してからも思ったようなプレーができず、スポーツにおける選手以外の部分に興味を持ち始めました。いまの仕事に就くきっかけは、間違いなく自分がケガをしたからなんです」

もちろん、サッカーの道を完全にあきらめたわけではなかったが、スポーツを支える面を勉強したいという思いが強くなっていった。大学ではスポーツを学ぼうと決心した。

ただ、他の人と違っていたのは、イギリスで学ぼうとしたことだった。

イギリス留学を決意する

「高校時代から英語だけはしっかり勉強していました。オフシーズンには英会話学校にも通ったりして。自分のなかに「英語はいつか必要になるだろうな」という予感があったんです。進路についてはいろいろ迷いもあったんですが、高校三年の夏の終わりに留学を応援してくれていた祖父が亡くなりました。それがなにか自分へのメッセージのような気がして、日本の大学ではなく、イギリスに留学しようと決めたんです」

留学を仲介してくれる代理店を通し、高校を卒業した年の六月にイングランドのボーンマスにある予備校に入学。同時にサッカーがプレーできる場所を探し始めた。

「正直、もう一度サッカーでどれくらいできるか試してみたかったんです。でも、知り合いはいませんから最初は公園でボールを蹴《け》っていて、おじさんに声をかけられたんです。地元のクラブの人だったんですが、イングランドではオフの時期に「ミッキーマウス・サッカー」といって五人制のサッカーをプレーするので、遊びに行くようになって。それからふたつのクラブを経由してセミプロでプレーするところまで行きました」

そしてその年の暮れに、当時はプレミアリーグの二部に所属していたボーンマスの練習に参加するまでになった。

「クラブでプレーしているときは、言葉のコミュニケーションを図るのはむずかしいし、ボールは回ってきません。いま、ヨーロッパでプレーしている選手たちと同じような目に遭いました。後から知ったんですが、練習に参加させてもらった当時のボーンマスには、二〇一〇年のワールドカップのイングランド代表としてプレーしたジャーメイン・デフォーがレンタルでプレーしていました。彼、僕と同い年なんですよ。練習に参加してみて、不思議なことに「サッカーをやりきった」と実感したんです。あんなに気持ちよく脱力できたのは初めてでしたね。それで勉強に集中しようと決心がついたんです」

そして二〇〇二年の一月から大学進学に向けた「ファウンデーション・コース」を受講した。ファウンデーションとは「基礎」という意味。この学校は大学での学習生活に円滑に移行できるよう、訓練するための学校と言ったらいいだろうか。語学の勉強をしながら、マーケティング、ビジネス、会計学などの勉強をしてレポートを書くなど実践的な訓練を受けた。大本さんはファウンデーション・コースでの九ヶ月間が「もっともきつい時期でした」と話すほどで、途中で退学してしまう学生も少なくなかったという。

いよいよ大学で「スポーツサイエンス」を学ぶ

予備校でのファウンデーション・コースを終えた後、大本さんは二〇〇二年の九月にポーツマス大学に入学し、希望通りスポーツサイエンスを学ぶことになった。大本さんが履修した科目には次のようなものがある。

・運動生理学
・バイオメカニクス
・コンディショニング
・スポーツ栄養学
・スポーツ心理学
・リサーチメソッズ（測定方法）
・モーション・アナリシス（動きの分析）
・スポーツ・インジュリー（スポーツのケガ）
・スポーツ用具

大本さんの話を聞くと、日本のスポーツ系学部との大きな違いは、ポーツマス大学では実技がまったくないことである。

「サッカーや陸上の実技はありません。授業で扱うとしたら実験だけで、たとえば体温の機能を学ぶ授業では、実験台になった学生が冷たい水のなかに入って、体温や体にどういった変化があるか観察しました。実験台になった学生は本当にかわいそうでしたが……。スポーツをあくまで科学の視点から学んでいくのが特徴です」

学生生活のなかでもっとも印象に残っている授業は「スポーツのケガ」だったという。これは大本さんがケガで苦しんだことと関係しているようだ。

「なぜケガが起きるのか、そのメカニズムを学ぶ授業です。自分がサッカーをプレーしていた時代、ケガをしがちだったこともあって興味をもって受講したんですが、自分がなぜケガをしたのか、その理由、メカニズムがよく分かりました。楽しい科目でしたが、単語がむずかしいのでかなり苦労したこともあって、とても印象に残っています」

ケガと向き合うことは、就職を考える段階になっても大きな要素となっていた。

「自分の経験からもケガをしている人をサポートする仕事につけたらいいなとは考えていました。そうすると自然にフィジオセラピスト、日本語では理学療法士になる道が選択肢として浮かびましたね。ところが最終学年になって取った「スポーツ用具」という授業がもうひとつの選択肢を示してくれました」

その授業はスポーツ用品のメカニズムや道具が発達してきた歴史を学ぶ科目だった。たとえばボートやヨットがどのような段階を踏んで進化していったかを先生が解説してくれるのだ。その他にサッカーシューズについての授業もあった。

「自分の現役時代はスパイクにさほどこだわりはなかったんですが、スパイクの進化によって選手のパフォーマンスが上がったり、ケガをするリスクを減らすことができたりすることがあるんだな、という発見がありました。そこでスポーツメーカーという選択肢が浮上してきたんです」

ミズノに入社

就職するに当たっては、仕事についてもいろいろな考えをめぐらしたという。

「大学院で勉強することも考えたんですが、もう二十四、五歳くらいになっていましたし、同世代の人間はみんな働いていました。自分なりに「勉強することと、働くことは違うんだろうな」と思い、社会に出ることに決めました。働くことが学ぶことにつながるとそのとき

デスクでの大本さん。一歩外に出れば、海外も大本さんの仕事場になる

は考えたんです」

そして二〇〇六年の六月にポーツマス大学を卒業した大本さんは、イングランド滞在中にインターネットでエントリーシートを数社に提出し、帰国してから、就職活動を本格的に始め、二〇〇七年四月にミズノに入社する。

入社前の配属先の希望は商品企画、特に選手がケガをしにくいシューズを作っていくことが大本さんの夢だった。ところが実際に配属された部署は海外プロモーション課だった。

「仕事の内容をひと言で説明するのはむずかしいですね。いまは陸上、サッカー、バレーボールの選手対応で、トップ選手の声を聞き、その言葉をもとによりよい商品を作っていくのが仕事でしょうか」

補足するなら、世界中のスポーツメーカーはトップアスリートのサポートに力を入れている。有名選手が自社ブランドの商品を選んでくれれば、それはそのまま商品の宣伝効果につながる。メーカー側としては、ただ単に商品を提供すればいいというわけではない。選手のリクエストに応《こた》え、さらに満足してもらえる商品を作っていく。それがパートナーシップの継続につながっていく。もしも選手側に不満がたまれば、他社に契約を奪われてしまう可能性もある。

大本さんは選手の意見を聞く最前線に立っているのだ。

「海外プロモーションのなかにもいろいろな仕事があります。たとえば商品カタログの撮影をお願いするとなれば、選手側との調整も図らなければなりませんし、スケジュールを管理するマネージャー的な仕事もあります。その他にも会社として売りたいものを着てもらったり、履いてもらったりするようお願いすることもあります。私としては選手に納得してもらえるよう、社内調整を図っていくのも仕事ですね。それでも、選手のベストパフォーマンスを求めるためには自分たちは何をしたらいいのか？　ということを追究するのがミズノの社風です。その意味では、選手がピッチやコートに立つまでが自分たちの仕事だと思っています」

シューズであれば選手たちは履きなれたものを好む。しかしメーカーとしては新商品をぜひとも試して欲しい。そこに軋轢《あつれき》とまでは言わないが、思惑の違いが生まれるのは仕方がないが、そうした両者の間を調整するのも大本さんの仕事なのだ。

実際に選手たちはどんなリクエストを大本さんにぶつけているのだろうか。

「サッカー、マラソン、共通しているのは「フィット感」ですね。できるだけ素足に近い感覚を求める選手が多いでしょうか。そうした声が商品開発につながっていくわけです」

現在の部署に配属されてから、ビッグイベントでの選手のサポートが続いている。入社した年にはすぐ大阪での世界陸上、翌年は北京オリンピック。二〇〇九年はベルリン世界陸上、そして二〇一〇年はサッカーのワールドカップと続き、二〇一二年にはロンドン・オリンピックも控えている。

「世界の大舞台を間近で見ていても、意外に興奮というものはありません。冷静なんです」

今後は国内のスポーツメーカーも、海外での売り上げの割合が増えていくと予想されている。そうなれば、有名アスリートをサポートしていることが、そのまま海外での売り上げに直結する。メーカー側にとってはとても重要な仕事である。その分、華やかに見えるのも確かだが、プレッシャーのかかる仕事であることを忘れてはならない。

「自分がやりたいことで苦しむのは当たり前のことだと思います。苦しみから抜け出すためには、コツコツ努力していくことが必要になると思います」

大本さんがたどってきた道は決して平たんではなかった。ケガに見舞われたことでプロサッカー選手としての道は閉ざされてしまったが、ケガをしたことで人と出会い、自分の興味がどこに向いているのかを確認できたのだ。

「やりたいことが、なかなか見つからないという人もいると思います。それでもいろいろなきっかけ、人との出会いや、学校のなかにも発見がきっとあると思います。もし、スポーツが好きで、スポーツに関する仕事に就きたいと思っていたら、周りにあるチャンスをうまくつかんで、スポーツという幅広いジャンルのなかで自分のやりたいことが見つかればいいと思いますよ」

2　トレーナーの仕事

◆シアトル・マリナーズ トレーナー 森本貴義《たかよし》さん（一九七三年生まれ）

イチロー選手のトレーナーになるまで

森本貴義さんは、シアトル・マリナーズのアシスタント・アスレティックトレーナーとして活躍している。もちろん、マリナーズでプレーするイチロー選手のケアも森本さんの仕事の一部である。

ジャーナリストがトレーナーの仕事に接するのはむずかしい。選手が治療を受けている部屋に入ることは禁じられており、実際に話ができるのは試合開始前に行われるバッティング練習の間くらいである。選手の体の状態は球団にとっていわば企業秘密。接触する時間が限られているのである。

私はバッティング練習の時間帯は、森本さんと近況報告も含め、さまざまなことについて話をする。マリナーズの状態も含め、日本のプロ野球の状況などについても話が及ぶ。森本さんは二〇〇四年からマリナーズのトレーナーになったが、それ以前からの知り合いだ。実際に治療をしてもらったこともある。彼の仕事ぶりの話を聞くのは楽しい。

スポーツにまつわる仕事のなかでも、トレーナーは人気の高い職業である。体やケガのことを知ったうえで、自分の技術を生かせる「専門職」だからだろう。アメリカには“Athletic Trainer Certified”（ＡＴＣ）という資格があり、森本さんが日本で仕事をしていた一九九〇年代はＡＴＣの資格保持者は日本のプロ野球界全体を見回しても二、三名しかいなかったというが、現在は十名以上がＡＴＣの有資格者となり、競争も激しくなっている。

森本さんは一九七三年に京都府で生まれた。では、どのようなプロセスをたどって、現在のポジションにたどりついたのだろうか。

「もともと高校時代までは陸上の選手だったんです。中学時代の陸上の成績が評価されて、陸上の名門校に進学したんですが、残念ながら高校時代はケガばかりしていて満足な成績を残すことができませんでした。本当は高校を出てからも陸上を続けたいと思っていましたが、仕方がなく高校で競技者としての生活はあきらめなければなりませんでした。早いですよ、高校で「引退」を決めなければならないのは」

物事にはプラスとマイナス、両方の側面がある。ふつうに考えれば、ケガはマイナスでしかない。しかし森本さんはケガをしたことで鍼灸《しんきゅう》師の先生と出会うことになった。

「本当にしょっちゅうケガをしていたので、そのたびにアドバイスをしていただいた鍼灸師の先生を尊敬するようになりました。でも当時は日本で「スポーツトレーナー」という仕事自体が認知されていませんでしたし、鍼《はり》、マッサージや整体の先生方がトレーナー的な仕事をしてらっしゃいました。そのころ「将来はスポーツに関《かか》われたらいいな」と思うようにな

セーフコ・フィールドで戦況を見つめる森本さん

り、鍼灸を学ぶことにしました。当時はプロスポーツと言えばJリーグはまだ立ち上がったばかりでしたし、トレーナーと言えばプロ野球チームのトレーナーのことを指すくらいでしたから、自然とそこを目指すようになりました」

森本さんはケガをしたことが、いまの自分の道を切り開いてくれるきっかけになったという。

「人生では、何がよくて、何が悪いかわからない。陸上選手としてケガをするのは失敗でしたが、その失敗がいまの仕事への道筋をつけてくれたわけですから、高校時代にケガをしたのは失敗ではなかったとも言えます。若い人たちにはいろいろ紆余《うよ》曲折があるかもしれませんが、起きたことをポジティブに捉《とら》えることで、自分の目指す仕事に就くチャンスが増えると思いますよ」

プロ野球チームのトレーナーになることを夢見て、高校を卒業した後、関西鍼灸大学（現・関西医療大学）に進学する。

「一年目は一般教養に加え、解剖生理学などを勉強しました。二年目から東洋医学や鍼を実際に学んでいきます。授業を受ける一方で、企業や大学の運動部でのインターンシップをしていたんですが、そうしないとトレーナーにはなれないという思いがありました。現在はいろいろなインターンシップの場を大学側でも用意してくれるようですが、僕の場合は自分から積極的に探しあてて、いつでも現場に出られる準備をしておこうと思っていたんです。そして二十三歳のときにオリックスの面接を受けるチャンスがあり、幸いにも就職することができました。たぶん、面接を受けた人間で僕がいちばん若く、給料が安くて済むという考えが球団にはあったんじゃないですかね（笑）」

日本では日本体育協会が認定する「アスレティックトレーナー」の資格試験があるが、プロスポーツの球団、クラブで働くとなると人数が限られており、狭き門と言える。森本さんの場合、大学時代のインターンシップの経験が評価されて採用につながったのでは……と本人は推測している。やはり、トレーナーの世界では現場での経験が重視されるようだ。

こうして憧《あこが》れのプロ球団のトレーナーになった森本さんは、オリックスに入ってからマッサージやストレッチなどの治療、テーピングやアイシングなどの予防医学的なことを学びながら、ケガをした選手を現場復帰させるためのリハビリを学んでいった。

アメリカに渡る

仕事をはじめてから、ケガをしたイチロー選手のリハビリ担当をするようになった。そして二〇〇一年、イチロー選手がシアトル・マリナーズに移籍したとき、森本さんもアメリカに渡り人生に変化が訪れる。

「イチロー選手がマリナーズに入団するのをきっかけに、スプリングトレーニングの期間中、一ヶ月ほどレンタルという形で同行したんです。アメリカでは仕事がシステマチックに動いていて、責任の所在が明確。日本では責任がどこにあるか、分からないことも多いんですよ。僕はシーズンを前に日本に帰国しましたが、メジャーリーグの環境を見て、自分もイチロー選手と同じようにアメリカで働いてみたいなという気持ちが芽生えたんです」

翌年、森本さんはオリックスを退職し、単身、アテもないままにアメリカに渡った。渡米して一年間は、フェニックスにあるアリゾナ州立大学の語学学校に通いながら、マリナーズ傘下のシングルAのピオリア・マリナーズにインターンシップ・トレーナーとして働いた。

「言葉の問題があったので、最初はヘッド・トレーナーの指示に従って仕事をしていました。僕が恵まれていたのは、マリナーズでは日本人選手が活躍していたこともあって、東洋医学に対しても偏見がなく、オープンに接してくれたことです。仕事をしているうちに、正式に雇ってもらえそうな話をいただいたんですが、結果的には口約束にすぎず、自分の立場は宙ぶらりんになりそうでした。それでも二〇〇三年にマリナーズでプレーしていた長谷川滋利さんにパーソナルトレーナーとして雇っていただくことができたんです」

長谷川氏の身体のメンテナンスを手掛ける一方、この時期、営業の仕事もするようになった。

「長谷川さんが立ち上げた会社があって、アメリカのトレーニング器具などを日本に輸出する仕事をさせてもらうことで、なんとか食いつなぐことができました。しかもそのシーズン、長谷川さんはものすごく調子がよくてオールスターに選ばれた。それが評価されたのと、インターンシップでの実績があったからなのか、二〇〇四年からマリナーズのトレーナーとして働くことができるようになりました」

トレーナーの仕事

それから現在にいたるまで、森本さんはマリナーズのアシスタント・アスレティックトレーナーとして活躍している。

二〇〇九年には、ワールド・ベースボール・クラシック（WBC）の日本代表チームのトレーナーとして活躍し、チームの優勝に貢献した。

「同じ野球でも、日本とアメリカとではトレーナーの仕事時間にも違いがあります。日本ではナイトゲームであっても、午前中に治療をしたり、試合後も夜の十二時を回ってからマッサージをしたりとほぼ二十四時間体制で仕事をします。特にWBCのときは選手が二十五人に対して、トレーナーの数が四人しかいなかったので本当にハードな時間がつづきました。WBCでは選手たちがガチガチに緊張していましたね。肩甲骨の周りがすごく硬くなっている選手がいましたし、選手たちにかなりのプレッシャーがかかっていることはトレーナーの立場からも分かりました」

WBCでの仕事はイレギュラーのものだが、マリナーズで仕事をしているときにはどんな一日を過ごしているのだろうか。シアトルのホームゲームでの典型的な一日の過ごし方を聞いてみた。

〇七三〇　起床、朝食（しっかり食べると胃がもたれるので、カットフルーツ中心に）
〇九〇〇　ワークアウト、シャワー、読書など自分の時間を過ごす
一一三〇　昼食
一二三〇　自宅を出発
一三〇〇　球場に到着、仕事開始
一三四五　選手のマッサージやトレーニング、リハビリなど
一六一〇　打撃練習開始（選手の動きを見ながら、身体の様子をチェックする）
一七三〇　軽食
一八〇〇　選手の治療
一九一〇　試合開始
二二〇〇　試合終了
二三〇〇　帰宅
〇二〇〇　就寝

試合後、ダグアウトで選手のようすを見守るのも森本さんの仕事

　これは森本さんの典型的な一日であるが、メジャーリーグでは試合終了後、夜に飛行機での長時間の移動もある。特にマリナーズはシーズン中の移動距離がもっとも長い球団だから、時差の調子や移動による疲労も襲ってくる。

「シーズン中は一日も休みがなく、この生活が半年つづくのはかなりキツいと思います。自分の時間を確保するのはなかなかむずかしいですから、いかに主体的に仕事に取り組めるかで、仕事の成果も変わってくると思います」

　マリナーズの場合、ヘッド・トレーナーがひとり、アシスタント・トレーナーが二人、そして理学療法士がひとりいて、合計四人の「メディカル・チーム」を組み、選手たちのケアを行っている。

どんな仕事でもそうだが、自分が主体的になることで時間を有効に使うことができる。ただ、トレーナーがむずかしいのは、プロスポーツの世界では選手たちが出す結果によって判断される面が強いということだ。

「トレーナーの仕事はチーム、選手の成績によって左右されるのは否めないと思います。チームの結果が出なければ選手の気持ちも沈みがちですし、そうなると私たちトレーナーにも「伝染」してしまいます。トレーナーとしては選手たちがベストの状態を保てるように努力して、自分たちの仕事に集中するしかないですね」

驚いたことに、メジャーリーグの世界ではトレーナーの報酬もチームの成績によって変わるのだという。

「シーズンが終わっての順位、勝率、さらには観客動員数まで成果項目に入っているので、チームが低迷してしまうとボーナスの支給額に影響するんですよ。マリナーズが最下位になってしまったときは、ボーナスは全額カットされてしまいました」

チームの成績によって給与が左右される。そういう成果主義を取れば、個人個人の仕事の質が高まると考えているのがアメリカならでは、と言えるかもしれない。

そうなってくると、選手の身体だけでなく、チームの成績が上がらず停滞しているときなど、「気持ち」の面倒をみるのもトレーナーの仕事の一部だと森本さんは語る。

「日本には「心技一体」という言葉がありますが、心と体のバランスが大切です。投手だとなかなか勝ち星に恵まれない、打者だとヒットが出ないとなると気持ちの面から沈んできて、それが身体の面に悪影響を及ぼしてしまいます。そんなときは身体の調整を図りながら、メンタル面でのサポートをするのもトレーナーの仕事の一部ですね」

アメリカでは、どんなスポーツでもメンタルトレーナーと契約しているチームがほとんどだが、常駐しているわけではなく、巡回型の場合もある。アスレティックトレーナーは選手の体のメンテナンスを毎日行うことで、体の変化や気持ちの変化に敏感になるため、体の面だけではなく、気持ちの面のメンテナンスも仕事の中に入って来ると考えた方がいいだろう。

イチロー選手のケガ

心と体、両面でのサポートが必要とされるトレーナーの仕事であるが、二〇〇九年には森本さんもトレーナーとして重要な局面に立たされた。

長年、ケアをしてきたイチロー選手が夏場に故障者リスト入りし、連続で達成してきたシーズン二〇〇本安打記録の達成が心配されたのだ。

「イチロー選手は球場に誰《だれ》よりも早く来て、体の手入れを怠らない選手です。ストレッチをしながら筋肉の状態や関節の稼働域を丹念に調べていくんです。それなのに試合に出られない状況になってしまった。復帰に向けてのリハビリは自分にとって重要な仕事でした。いま振り返ってみると、イチロー選手がケガをしてしまったということは、準備の段階で問題があったと考えられるので、どの部分が問題だったのか、それを発見することが大切でした。原因を調べることで、リハビリの方針も決まってきます。そのときは九年連続二〇〇本安打の大記録がかかっていましたから、リハビリには万全を期す必要があって、もちろん、自分のなかにもプレッシャーはありましたよ。報道陣は「イチローはいつ復帰できるのか?」と監督を質問攻めにするわけですから。このときばかりは、復帰を焦ってケガを繰り返すことになっては大変なことになってしまうので、慎重にリハビリ計画を進めたのがよかったと思います。実はメジャーリーガーの平均年俸は三億円ほどですが、球団側は選手がケガをしても給料を払わなければならない。選手に一日でも休まれたら、球団側として負担が大きい。選手が故障者リスト入りしなければ、それだけトレーナーの仕事が評価されることにつながります」

選手の体にも年とともに変化が訪れる。その変化を見逃さない敏感なセンサーを持つことが、トレーナーにとっての重要な資質の一部といっていいだろう。

このビジネスには未来がある

森本さんは他にも大阪でフィットネスクラブの運営や、インストラクターや理学療法士の養成などの教育事業を行う「株式会社リーチ」の専務取締役でもある。

「この会社を立ち上げるモチベーションになったのは、「日本でも将来、いまよりもっとフィットネス産業の需要が高まる」という思いがあったからです。アメリカ人は生活のリズムのなかに身体を動かすことを上手に取り入れています。アメリカのフィットネスクラブは二十四時間営業が多く、夜には一度閉めるところでも朝五時からは営業を再開します。それは出勤前にフィットネスクラブで汗を流してから出勤する人が多いからです。つまり、仕事に向けて身体、気持ちを「ON」にしてから会社に行く人が多いんです」

森本さんは、アメリカでは仕事の効率を高めるためにフィットネスクラブが利用されることが多いという。そうした流れが日本でも見られるようになり、将来的には産業として成長するチャンスがあると語る。

「身体を動かしてから職場に向かって、デスクに着いた時点ですぐに仕事が始められます。効率がいいんです。日本ではフィットネスクラブを利用している人は健康増進の目的の人が多いと思いますが、生活、仕事の一部ととらえる人はまだまだ少ないですよね。日本ではフィットネスに対する意識がまだ低い分、成長する余地があると思います。一時期、日本ではメタボリック・シンドロームが話題になり、健康に対する意識が高まったようですが、より積極的に身体を動かすようになればいい。このビジネスには未来があると信じています」

実際、日本ではトレーナー志望者が増えている。最後に若い人たちへのメッセージを聞いた。

「トレーナーになりたいという人たちと話をすると、何か有名選手と一緒に仕事ができるといったような幻想を持っている場合があります。華々しい世界に見えるかもしれませんが、実際の仕事は地味な裏方で、長時間労働も厭《いと》わない、献身的な姿勢が求められます。給料も選手とは違うので、幻想は捨てた方がいいと思います。ただ、僕の仕事として、トレーナーの仕事をもっと認知してもらい、次の世代のトレーナーを育てることも必要だと感じています。リーチはそういう役割を担っている会社です。僕は人材を育て、実際に就職先を増やすような環境作りを行っていきたいと考えています。アメリカの高校では「スクール・トレーナー」が置かれていますが、日本ではほとんどありません。トレーナーのレベルが上がっていけば、フィットネスクラブはもちろん、学校や病院にまで広がっていく可能性があると思っています」

3　広報の仕事

◆セントラルスポーツ　アスリート広報担当　岩瀬史子《ふみこ》さん（一九六六年生まれ）（※二〇〇六年より宣伝部アスリートマネジメント・プロモーション担当）

アスリートの広報担当という仕事

岩瀬史子さんとは長い間、仕事を一緒にさせていただいている。一九九六年、私が本格的に取材活動を始めたアトランタ・オリンピックのとき、オリンピックの代表となった水泳の選手たちの取材でお世話になったときからの付き合いだから、もう十年以上になる。

セントラルスポーツは、全国に展開するフィットネスクラブ、そしてスイミングクラブとして有名だろう。また、水泳、体操などオリンピック種目の選手の育成にも力を入れ、過去には一九八八年のソウル・オリンピックでは男子一〇〇m背泳ぎの金メダリストの鈴木大地、二〇〇四年のアテネ・オリンピックでは同じ種目で銅メダルを獲得した森田智己《ともみ》、同じくアテネの体操で金メダルを獲得した冨田洋之《ひろゆき》、鹿島丈博《たけひろ》らの選手を輩出してきた。二〇〇八年の北京オリンピックでは五人の代表選手を送り込んでもいる。

私はオリンピック競技の種目を取材する上で、セントラルスポーツに所属する世界でも指折りのアスリートの取材を岩瀬さんにお願いしてきた。

岩瀬さんは中学、高校生時代はバレーボール部に所属、大学時代は体育会スキー部に籍を置くなど、スポーツは生活の一部。就職活動でもスキー用具のバイヤーの仕事も念頭にあったが、

「物よりも、人を扱う仕事がしたいと思ったので」

という動機もあり、セントラルスポーツに入社した。

同期の人数は三百人。かなりの人数だ。最初にオープンを控えていた店舗に配属され、スポーツインストラクターとして研修を受けたり、店舗における運営を現場で学んだ。その後、六月になって広報・秘書室に異動する。

「メインは企業広報の仕事でしたが、その前の年にソウル・オリンピックで金メダルをとっ

北京オリンピックで背泳ぎ代表の伊藤華英選手と（本人右）

た、鈴木大地さんのメディア対応を会社は行っていなかったんです。いろいろな取材の申し込みや出演依頼をコーチと広報担当で決めていました。金メダリストである鈴木大地さんの仕事をしたことが私にとってはすごく大きな経験になりました。鈴木大地さんはバルセロナ・オリンピック選考会の前に引退されて、キャスターとしてオリンピックに向かったんですが、大地さんが出演するにあたって、メディア、関連する団体との調整を私が担当することになりました。いまでは珍しくありませんが、元選手がキャスターになるのはあまり前例がありませんでした。その意味で、企業の広報の立場としては気を使ったのを覚えています。その後、大地さんにつづいてたくさんの選手がオリンピックを目指していくことになりました。そのため、所属選手をマネジメントする仕事を、会社の業務として広報室の中に取り込むことになりました。メディアとの関係性についてバルセロナまでの期間に考えさせられることが多かったですね」

アスリートの広報担当は、メディアの要望を聞き、選手、コーチと連絡を取り合いながら、スケジュール管理を行っていく。当然のことながら、取材の申し込みがあった時点で、企画の是非を判断するのも大切な仕事である。

また、取材や出演にあたっては日本水泳連盟など関係団体との連絡も必要になる。選手側、メディア、関係団体などの関係を円滑に運営していくのもアスリートの広報担当の仕事といってよいだろう。

選手を守ること

表舞台に出て、注目を集めるのは選手だ。成績が上がってくると、選手には影響力が生まれる。メディアを通して社会に自分がさらされる状況になるが、それが悪い形で表面化したのが一九九六年のアトランタ・オリンピックだった。前評判が高く、メダルラッシュが期待されたにもかかわらず、メダルをひとつも獲得できず、しかも大会期間中の発言が批判されたりもした。岩瀬さんはこのときの経験から、オリンピックでのアスリートの広報担当対応の体制がまだ成熟していなかったと振り返る。

「選考会での記録が素晴らしく、メディアが期待をあおるなかで、選手たちは十代で自分の姿をさらされることに慣れていなかったし、発言がどんな影響力を持つのかも理解していなかったと思います。結果が出ず、選手のなかには苦しくて仕方がなかったのに、テレビの生放送に出演したときに無理に明るくしようとしたのか、かえって反感を買うような表現になってしまったこともあって、選手とメディアの間で調整するアスリートの広報担当の仕事が大切だと思いましたね。このときの経験から、大会前には選手の気持ちに負担にならないような調整を心掛けるようになりました。それにひとつひとつの取材での言葉の重要性を選手に理解してもらわなきゃ、と考えました。選手たちは十代であっても社会的な責任がうまれてしまうわけです。ですから、必要があれば自分の言葉で話すことが求められるんです。年齢としては成人には達していませんが、水泳の世界では世界に通用する成績を上げていますし、それに見合った努力もしている。だから自信を持って話していいんだよ、ということを私としては教えられればいいと思ってきました」

選手は結果を残せれば称賛され、悪ければそのまま書かれる。

「結果が悪ければ、その原因を含めてありのままを書かれるのは仕方がありません。ただ、選手の競技に対する考え方や話し方によって、書かれ方は違ってきます。ですから、メディアの方との普段からのお付き合いが大切になってきます。選手には礼儀をわきまえたうえで、のびのび話してもらって構わないと思いますが、不適切な部分があれば私がチェックするという役割分担ができます。私としては、時間が経《た》つにつれて選手が心と頭の両方で自然に成長していってほしい。そうすれば私は必要なくなるんですが（笑）。できれば、選手は自分が話したことが文章になり、映像になった時点で自分のことを客観的に判断して、次の機会に生かしてくれればと思っています」

アスリートの広報担当という仕事は、「立場」がむずかしいという。選手に偏りすぎても、メディアに偏りすぎてもいけない。

「選手を守らなければならないのは当然ですが、メディアの方々にも配慮しなければいけません。具体的には、インタビューの現場が分かりやすいと思いますが、アスリートの広報担当というのは選手とメディアという企業、社会との間を「橋渡し」する仕事なんです。人間関係をうまく構築することが重要だと思います」

メディアとの関係性は競技によって違う。プロ野球では監督と新聞記者が毎日のように顔を合わせ、監督によっては連日食事を共にしたりする。競泳はプロの選手がほとんどいないのだが、オリンピックともなればかなりの注目度を集める。岩瀬さんの経験では、普段の人間関係の構築が、苦しいときに選手を守ってくれる結果につながるのだという。

「メディアの存在は、選手と対立関係にあるように見えたりしますが、私の経験からすると、選手が負けたときに味方になってくれるのもメディアの方なんです。ですから、普段からどういう関係性が築けるかが大切なんです。水泳の場合、選手が若いという特徴がありますが、メディアの方と接することで社会性を身につける訓練になればと思っている部分もあります」

それでも岩瀬さんが仕事を始めた一九八〇年代と比べると、選手を取り巻く環境は大きく変化した。会社が守っていたとしても、いまはブログやツイッターなど、個人が発信できるコミュニケーションの形態が増えた。当然、目の届かない部分も出てくる。そうした新しい課題にどう対処していくかも岩瀬さんの仕事になる。

「ブログやツイッターが身近なものになって、選手が何気なく書いたことがマイナス方向に作用する場合もあります。その見極めができるように普段から話しあっておくことが、いまの時代ではとても重要なことになっていると思います。そういう判断が適切にできるかどうか――経験のある大人がガイドラインを示して選手が成長するのが大切でしょう」

精神的なケアの重要性

岩瀬さんの話を聞くと、その仕事は若い選手たちが人間的、社会的に成長を促していくことが核心にあるように思える。それも選手たちがオリンピックに出たいという夢を実現させるための支援といえるだろう。だが、全員の夢がかなえられるわけではない。

「選手のそばにいて、いちばん仕事としてむずかしいのは、選手が目標を達成できなかったときです」

目標とはオリンピックに出場する――選手たちにとって日本の代表になることは夢であるばかりではなく、現実的な目標だ。しかし競争は激しく、夢破れてしまう場合もある。岩瀬さんは「オリンピックに行けなかった選手の精神的なケア」がアスリートの広報担当の大切な仕事のひとつだという。ふつう、広報の担当者がそこまでケアをすることは稀《まれ》だが、アスリートマネジメントという「専門職」ならではの仕事と言っていいだろう。

「何年間もオリンピックに出たいという気持ちで努力を重ねてきたのに、自分の力が発揮できず、代表になれなかったとすると、選手としては自分が否定されたような気持ちになるんです。でも、そうじゃないんだよ、と違った視点から選手をサポートすることが大切だと私は思っています。それに気づいてからはカウンセリングを二年間勉強して、精神対話士の資格も取りました。苦しいときにどれだけサポートできるか、それがマネジメントの本当の力が問われる部分かもしれませんね」

結果が出せなかった選手に対して、精神的なサポートを行っている企業は実際には少ない。選手のそばで勝敗を見続けてきた岩瀬さんはその重要性に気づいたわけだが、経済的なサポートと並び、メンタル面でのケアも大切な時代がすでに到来している。

岩瀬さんの仕事は企業の広報としては「特殊」である。入社してすぐ、企業広報担当の仕事の一環として選手の広報業務を担当するようになり、その仕事の部分が会社にとって重要になっていった経緯がある。その過程において、選手が最大限のパフォーマンスを発揮するための時間の管理であったり、カウンセリングが必要と感じて自分で資格を取得するなど、アスリートマネジメントに特化してきた。企業広報担当がここまでアスリートのバックアップをするのは稀であるが、この職務のひとつの「進化型」と考えていいと思う。

セントラルスポーツのように社員として競技を続ける形がある一方、選手を商品化して売りだしていくマネジメント会社に所属する選手だと、選手に競技能力とは別の話す能力などが求められる場合も出てきた。

もともとセントラルスポーツは、東京オリンピックの競泳代表だった後藤忠治氏が創設した会社だが、当初からオリンピック選手の育成を念頭に置いていた。そのためにスイミングスクールを作り、才能の発見、育成からメダリストを生み出そうとしている。選手の活動をお金に換えていくのは会社の目的ではない。

「セントラルスポーツにとって、選手は商品ではないです。それでも、私は選手のある意味での「商品化」は否定しません。選手の価値を高めることで経済的に潤い、活動がしやすくなる場合もありますから。以前と比べれば、選手としては活動を続けていくうえでの選択肢が広がっていると思います」

大学院進学の理由

長らく会社でのキャリアを積んできた岩瀬さんだが、仕事をするうえで、選手の立場を理解することを重視してきたという。実は、岩瀬さんは二〇〇六年四月には早稲田大学スポーツ科学研究科の修士課程に入学し、一年後にはカリキュラムをすべて修めたのだが、会社に勤務しながら大学院に通うことにしたのも、「選手の理解」というモチベーションから生まれたものだった。

「担当していた冨田、鹿島は順天堂大学の大学院に行きながら現役生活を送っていましたから、「大学院に通うって、どんな感覚なんだろう?」と好奇心が芽生えたのがきっかけでした。選手がそういう環境に身を置いているなら、私も会社に勤めながら大学院に通うことで選手の環境を少しでも理解できるんじゃないかと思ったんです。一年間だけだったら通えると判断して思い切って入学してみました」

現在、セントラルスポーツでは選手の支援体制が多岐にわたるようになっている。十代から大学生にかけての選手は学校に通いながら練習に取り組む。大学卒業時がキャリアの分岐点になるが、セントラルスポーツでは二〇〇〇年から「スポーツ奨励社員」という制度を設け、社員として、そしてまた競技者としてもキャリアを継続できる制度ができた。引退後、社業に専念することも可能である。

また、大学院に進み、競技を続ける場合もある。どういった感覚で学びながら競技を続けるのか、その理解を深める意味でも、大学院で学んだことはプラスになっているという。

アスリート広報担当の仕事への適性とは?

どんなスポーツの仕事でも「完成型」はない。これまで多くの選手を見てきた岩瀬さんでさえ、いまは宣伝部にうつり、さまざまな形で仕事の幅を広げようとしている。

では、この職種に向いている人とは、どんな人なのだろうか。

「まず、人間が好きな人。人を信じられる人、人に信じてもらえる行動のできる人間でしょうか。自分中心に時間が回っていないと居心地が悪い人だと、ちょっと厳しいかもしれません。アスリート、選手たちの広報を担当するということは、主役はあくまで選手たちなわけです。主役を徹底的にサポートする気持ちを持たないと、仕事でストレスを感じることが多くなるかもしれません」

水泳の選手の場合、一流の選手であってもオリンピックを区切りとして二十代半ばで現役を引退することは珍しくない。選手寿命が短いということは、それだけ練習が厳しく、激しいことを意味する。岩瀬さんはこれまで、何人もの選手の引退を見届けてきた。

「大学卒業を目前にして、現役を続けるか、第一線を退くのか、迷う選手は多いです。そばで見ていると、「まだ続けたい」という気持ちもわかるし、私としては、いっぱいもがいてほしいと思うときもあります。水泳のトレーニングはかなり厳しいですから、相当の覚悟がないと、続けられないんですよ。選手から相談を受ける場合もあります。でも私には選択肢を示すぐらいしかできません。結局は選手が自分で決断するしかありません」

選手が現役を退いてしまうと、それで岩瀬さんの仕事が終わりかというと、そうではない。むしろ、マネジメントの大事な役割として、現役後にどれだけのフォローができるかがポイントだという。

「私の思いとしては、選手が現役のときはもちろん、引退後のサポートまでできればやっていきたいと思っています。当たり前の話ですが、現役時代よりも、引退してからの人生の方が長いんですから。実際、引退してからはセントラルスポーツの社員として働く人も多いですし、これまでの仕事を振り返ると、「選手が結婚するまでサポートするのが私の仕事かな」と思っています。それも選手たちが現役時代、どれほど苦労をしているかを間近に見ているので、彼らへの「尊敬」が自然に生まれているからだと思います」

セントラルスポーツの試算では、オリンピック選手が生まれる確率はおよそ四十万人にひとり。統計的に見るならば、この数字は東京大学に入学するよりもむずかしい。そしてまた、運も必要とされる。

それならば、選手にはそれにふさわしい尊敬や敬意が払われてしかるべきだと思う。しかし時としてそれはネガティブな方向に流れる場合もあるから、そこにアスリートの広報担当の重要性が生まれる。

岩瀬さんはいう。

「私から見てもマネジメントが必要な人と、必要ない人がいます。自分の頭で考えられて、これは言ってはいけないとか瞬時に判断できる選手は、「広報」は要らないかもしれません。そうすると私の仕事はなくなってしまうんですが（笑）。選手が心身ともに成長してくれれば、私としては満足なんです」

4　メンタルトレーナーの仕事

◆日本スポーツ心理学会認定メンタルトレーニング指導士　田中ウルヴェ京《みやこ》さん（一九六七年生まれ）

オリンピックでメダリストになってから

田中ウルヴェ京さんは、一九八八年に行われたソウル・オリンピックでシンクロナイズド・スイミングのデュエットで銅メダルを獲得した。

「ソウルでメダルを取ったのが二十一歳のとき。十歳でシンクロを始めて、十五歳で日本代表メンバーになってからは、プールにいる時間が地上で生活しているよりも長い生活っていっても過言ではないくらい（笑）。デュエットでペアを組んでいた小谷実可子ちゃんとは、練習でプールから上がってロッカーに行って、そこで着替えるタイミングまでそろったことがあったほど。「なんで真似《まね》すんのよ！」と相手に言ったタイミングまで一緒（笑）。でも、競技を極めるとそういうところまで行きつくんですよ。ソウルではオリンピックという最高の舞台で、現役最後の演技を悔いなくでき、念願だったメダルを得ることができました」

ソウル・オリンピックの後に現役を引退し、指導者の道へ。一九八九年からは日本代表、アメリカ、フランス代表チームなどのコーチを務めてきた。途中、アメリカの大学院で体育学の修士号を取得していることからも、田中さんには指導者として大きな期待がかかっていたと思う。私も一九九六年のアトランタ・オリンピックの前の合宿中に、日本のナショナルチームを指導する田中さんを間近で見学したことがあった。

日本らしい統率のとれた空気感が忘れられない。

「カッコよかったでしょ？　確かに当時の代表監督や選手たちは、本当にカッコよかった。でも、当時の自分は、たんに、カッコつけてただけ。コーチになってから「メダリストの私がこんなに熱心に教えてるのに、なんでできないの？」と、教え子ができないことを自分の指導力不足と思うことが恐《こわ》くて、なんでも選手のせいにして、無意識にストレスをためていた。でも、対外的には「やりがいのある仕事ができて、毎日が充実してます。ストレスなんかとは無縁です！」なんて話してたくらい。ストレスの原因を他人や環境のせいにして、心のバランスが崩れてたんです」

その後、田中さんがメンタルトレーナーの仕事に入るきっかけとなったのは、留学中に知り合ったフランス人の男性と結婚、再びアメリカに渡ってからのことだった。ちょうど妊娠したのだが、この妊娠がキャリアの転機となる。

「もう「最高の赤ちゃん」を産もうと思ったの（笑）。それで食べ物、睡眠、生活リズムの何から何まで完璧《かんぺき》に整えようとして。妊娠中にスポーツをやるにしても、水泳にピラティス、いろいろ妊婦にメリットのあるスポーツがあるのに、自分にとってどれがいちばん効果的なのか追求しすぎて、それがかえってストレスになってた。ストレスをため込むなんて、妊婦がいちばんやってはいけないことなのに」

当時の田中さんは「ほどほど」という加減が分からなかったのだという。すべてに完璧を求める姿勢は現役時代の延長線上にあったのかもしれない。そしてその姿勢は出産してからも続いてしまった。

「完璧に子育てしたかった。いま思えば、本当にバカみたいに完璧に。そもそも完璧なんて基準自体がないのにね、子育てには。母乳が医師の指示通りに出ないことに激しく落ち込み、赤ちゃんが泣くことに罪悪感を覚えて、泣かれるたびにパニックに陥ってました。おむつかぶれになってしまっては母親失格と思いこんで、おむつを一日に十回以上も変えてたんです。そのうち、突然泣いたり、悲しくなったり、「産後うつ」の状態になってしまって」

産後二ヶ月でご主人の大学院入学が決まって、アリゾナに引っ越し。アリゾナは日中の気温が四十度を超えることも珍しくなく、強烈な日差しに赤ちゃんをさらすことに恐怖を覚え、ひきこもりに。

するとある日、家のなかがティッシュだらけで真っ白になっていた。

「私が知らないうちに撒《ま》き散らしてた。さすがに私、まずいかもとそのときに気づいたんです。あれ、私、子育てが好きじゃないかもと思ったり……。それで週に二回、三時間だけ、まずはベビーシッターさんをお願いするようにして、自分に「白旗」を掲げた。初めて子どもを置いてひとりで車を運転して買い物に行ったとき、涙が出ました。子どもがいない寂しさや罪悪感を感じながらも、ホッとしている自分にも気づいたから。それが自分の能力のなさを認めて、「白旗」を掲げた最初でした。そのころから「適当力こそが大事」と発想が切り替わっていきます。そして偶然にもこの買い物にいく運転の最中に、「認知行動療法」が学べる大学院の広告を目にしたんです」

田中さんはアリゾナ州フェニックス郊外にあるアーゴシー心理専門大学院で認知行動療法、スポーツカウンセリングを学んだ。

「大学院に入ったら、夜の十時から朝の四時まで猛烈に勉強。認知行動療法を学んでわかったのは、それまでの私は、人に認められなくてはいけない、成功しなければいけないという発想にがんじがらめになってたってこと。でも、心理学を学んでからは、違う発想法がたくさんあるんだって発見があった。そのなかで「コーピング」はすごく役に立った」

コーピングとは英語で書くとcoping。受験英語でcope withという熟語を覚えた記憶があるが、「対処する」という意味だ。コーピングはメンタル面での自分の感情をうまくコントロール（調整）しながら、プラスに変えていく発想であり、技術である。

「コーピングを知ってから自分の過去を振り返ると、いろいろなことが見えてきました。たとえば私は（小谷）実可子ちゃんに嫉妬《しっと》してたなあと気づいたり。最初は、自分が他人に嫉妬してたなんて、そんなみっともないことに気づくのは恥ずかしいこと、と、かなり滅入《めい》ったんですけど、徐々に、「嫉妬することは悪いことではない」という思考転換ができるようになったんです。コーピングでは、まず嫉妬しているダメな自分に気づくことからスタートする。そして、建設的、論理的な思考によって、嫉妬ということについてのこれまでの自分の定義を変えていき、結果、自分の感情が劇的に変わっていく。そもそも、ストレスとは、他人や環境といった外的なことが原因で感じるものではなく、自分が勝手に抱えているものに過ぎない、という認知行動療法の視点は、目から鱗《うろこ》でした。自分の勝手に思い込んでいる非論理的な思考を変えていくことができるようになり、それによって、周りの目や評価を過剰に気にすることなく、何度失敗しても、自分の人生を本当の意味で「楽しむ」ことが大切だと思えるようになれば、向上のための挑戦に二の足をふまずに、前向きになれるでしょ」

その後、サンディエゴ大学大学院で競技引退時の心理葛藤《かっとう》を学ぶ「キャリア・トランジション」、最適なピークパフォーマンス状態（ゾーン状態）を引き出すための「パフォーマンス・エンハンスメント」を勉強し、それが現在のプロアスリートからビジネスパーソンまで幅広く、メンタルトレーニングやキャリアプランニングを指導する活動につながっていくことになる。

ピークパフォーマンスを導くには

日本でもメンタルトレーニングの重要性が叫ばれるようになってから久しい。一九九〇年代から自分の成功をイメージしながら競技に臨むとか、技術や身体的要素以外の心理面が重視されるようになってきた。

しかしオリンピックに出るような選手ならば、最初から精神的にタフだと思ってしまうのだが、実際にはさまざまなタイプの選手がいると田中さんは話す。

「たとえば人間には「欲」があります。勝ちたい、人に認められたい、自分という人間の価値を高めたい――。それは車で言えば「エンジン」のようなもので、実力を発揮するためには絶対に必要なものです。オリンピック代表クラスならば、素晴らしい心のエンジンを持っていそうですが、実際には個人差があるんです」

田中さんは北京オリンピックを目指していた三人の選手の言葉を実例に上げて「エンジン」の違いを解説してくれた。

Aさん「絶対にオリンピックに行きたいです」

——そのわりには悲壮感もなく、「なぜ行きたいのか？」と質問すると、そこで詰まってしまった。

Bさん「私はオリンピックに行かなければならないんです」

——どうしてオリンピックに出たいのか質問すると、「私がオリンピックに出るとみんなが喜ぶので。周囲の人が喜んでくれることが私の幸せなんです」と話すけれど、自分自身のなかに「エンジン」がない。

Cさん「失礼な言い方ですが、実力がない人がオリンピックに出て、メダルを取っていく感じがして。私はそれが悔しい」

——この選手は企業の紹介でメンタルトレーニングを受けに来た選手。正直、自分の意志ではなく、会社に言われて嫌々来たのでは？　と思っていたら、「どんなことをしてもオリンピックに出たいので、メンタルトレーニングのすべてを教えてください」というほど、自分のなかに「エンジン」を持っていた。


実際に、Cさんはオリンピックに出場したが、AさんとBさんは切符を獲得できなかったという。

「Cさんのように自分自身のなかにエンジンがある人は大丈夫。もったいないのはBさんのタイプですね。本当はCさんに負けないくらい強いエンジンを持っているのに、自分の欲を外に出したがらない。その欲を当時のその選手は「人からよく思われたい欲」にすりかえてしまってた。コーピングでは、時に自分が恥ずかしいと思っている欲をも認めることが大事なんです」

心のエンジンの準備ができたら、実際の試合で最高の精神状態で迎えられるようにするのがメンタルトレーナーの仕事である。

「『絶対に勝たせてくれるんですよね?』と言ってくる指導者や選手もいます。でも、私は笑って『メンタルトレーナーは超能力者じゃありませんから』と言います。競技で勝つためのメンタルトレーナーの役割は、クライアントに自分の『ピークパフォーマンス状態』を理解させ、自分の心の力でその状態に向かわせる技術を習得させることなんです。スポーツ心理学ではピークパフォーマンスのことを『無欲の勝利を導く、無心のココロの状態』と定義づけたりします。無欲とは、勝ちたくないってこととは正反対なんですよ。死ぬほど勝ちたいから、勝ちたいに執着しないということ。たとえば、勝ちたいと思うがあまり、緊張しすぎる選手がいます。でも、勝ちたいと認識することは素晴らしいこと。それを適度な緊張感に持っていける方法を探っていくことが大切なんです。長い間訓練してきた深呼吸法で可能になる人もいますし、トイレにこもって自己暗示をかけていい状態に持っていける人もいます」

田中さんは現役時代を振り返り、実際にソウル・オリンピックのデュエット決勝の大舞台で、他人に勝ちたいという欲を捨て、自分自身に勝つことに集中した結果、最高の形でメダルを獲得することができたという。

メンタルトレーナーの仕事の広がり

田中さんは選手向けのメンタルトレーナーとして活躍すると同時に、二〇〇一年からは株式会社ＭＪコンテスを起業、「心と身体の健康」をテーマに、アスリートだけではなくビジネスパーソンや一般の人たちにむけて、企業研修や講演を行ったり、また、身体の健康面では、ピラティススタジオを東京と大阪に持っている。

日常の仕事でストレスにさらされることは避けられない時代、田中さんが話す「コーピング」や「ピークパフォーマンス」は、スポーツ選手たちだけでなく、一般のビジネスパーソンにも役立つ技術になってきた。

「『ココロの使い方』によって、仕事のなかでも最高の自分を引きだすことができて、無欲の勝利を引き寄せられるんです。いまは成果主義が日本にも導入されて、当たり前のことではありますが、どの会社でも次から次へと結果が求められるようになってきている。だから、気持ちを落ちつかせるゆとりがない。成功はしたいのだけれど、その気持ちが先行しすぎて、結果的に足を引っ張ってしまい失敗することもあります。根本的に『ストレス＝悪』というイメージがありますよね？　でも、成功するためには『個人特有の適度なストレス』が必要なんです。自分にとって、何はストレスで、何はストレスではないのか？　何が悪いストレスで何が良いストレスなのか。個人によって、ストレスは違うのです。それをうまくコントロールできる技術があれば、能力向上に必ずつながっていきます。呼吸でストレスを退治することだってできるんですから」

いまでは年間の講演数は二百回を数える超多忙な日々を過ごしている。いかに『ココロ』という目に見えない部分が、日本人にとって大きな問題になってきているかがこの数字からもわかるだろう。

それでも当初、講演活動を始めたときは、ＭＪコンテスを立ち上げたパートナーから、「『いつまでも、オリンピックのメダリストって肩書きで講演しない！』って怒られてまし

卓球の日本代表選手を前に話す田中さん

た（笑）」

というが、いまではメダリストであることよりも、メンタルトレーナー「田中ウルヴェ京」としてのポジションを確立している。

仕事の幅はさらに広がり、スポーツ選手、ビジネスの面だけではなく、女性特有のコーピング技術、グローバルな人材としての人間力を高めるための子供のコーピング技術、ピラティスと併せた心身相関プログラムなど、さまざまな広がりを見せている。それだけメンタルトレーニングやコーピングの技術が、大きな広がりを持っているということだろう。

今後、田中さんの仕事で成長をみせる予感がするのは「キャリア・トランジション」である。特にアスリートは三十歳前後、選手寿命の比較的長い野球選手であっても四十歳まではキャリアを終え、次の人生に進まなければならない。ここで心理的な問題を抱える人が出てくる。

一般の人よりも早い引退を迎える選手たちとは、どんな心理状態に陥るのだろうか。

「アスリートも人間ですから、長い時間をかけて目標に向かって練習を積み重ねてきた生活が突然なくなってしまうと、企業をリタイアされた方と同じように寂寥感《せきりょうかん》を感じる人がいます。選手という自分が終わってしまった……そういう感覚を持つのは仕方がないことです。でも、引退してから自分の人生の目標をなくしてしまい、何事にもやる気がなくなってしまう人がいるんです」

そこで自分を再度見つめ直し、新たな人生を作っていかなくてはならないのだが、本当の自分の状態に自分自身が気づくのが恐くて、うちひしがれているような元選手に話すことは、根幹はいつも同じだという。

「そもそも選手時代は、勝つことと同時に、何を必死に頑張ってきたのか振り返ってみよう。何が自分のやる気の源泉だったのか思い出そう。選手という役割としての自分は、もうないけれど、自分という人間が終わったわけではない。だから、選手時代に培ってきた心のスキルは、今後も使えるし、さらに、選手時代に熟成してきたやる気は、どこの世界でも使えるのだから、と。そして、自己認識能力トレーニングを一から一緒にやっていきます。しょせん、本当の自分を知るってことが、どんな人生の節目においても、最も大事なんです」

リタイアメントで仕事から解放されたと思いきや、仕事という自分の軸を失い、ひいては人生の目的まで失いかねない人たちが、団塊世代の大量退職によって急に増えていく可能性がある。田中さんの仕事はアスリートの分野で先行し、それに一般社会が追随していくという印象を受ける。それはスポーツという営みが、人生のあらゆる側面を短時間にギュッと凝縮しているからかもしれない。

ソウル・オリンピックの銅メダリストは引退後、自分の弱さと向き合うことで、新しいビジネスのチャンスを切り開いた。その広がりを見ると、スポーツのメンタル・トレーニングがさまざまな分野で応用されていくことは想像に難くない。

5　スポーツの仕事の未来像

これまでは実際の仕事でかかわった四人の方の話をまとめてみたが、ここからは仕事だけでなく日常の生活のなかでスポーツを通して触れた人たちや職種についても触れていきたい。

私と同じようにジャーナリズムの世界で働く人たちや、日常の生活で出会ったインストラクターの方々の仕事から、スポーツの仕事の将来を見据えてみたい。

ジャーナリズムの世界

★スポーツを書く――新聞、雑誌、WEB

スポーツの報道で新聞は大きな役割を担ってきた。特に朝刊でプロ野球の結果や試合のなかでどんなことが起きていたかを確認するのはスポーツファンにとって大きな楽しみである。しかしこの「読むスポーツ」に、いま大きな地殻変動が起きている。

インターネットの発達で、速報性はWEBに軍配が上がり、新聞、雑誌などでは「いかに読ませるか?」が大きなテーマになってきている。「はじめに」と第1章でも書いたが、視点が大きく問われる仕事に変化しつつあるのだ。電子化が加速していくなかで、広告費は減少し、多くの雑誌が消えていき、これまでのビジネスモデルが通用しなくなっている。

今後は、ビジネスモデルとして成り立つメディアが登場するだろうと思うが、それが書き手にとって「食べる道具」になるかどうかは見当がつかない(この自分も先行きの見えない不安を抱えている)。

これからは新聞や雑誌が単体ではなく、映像メディアや音声メディアと連携しながら情報を伝えていくことになると思う。その時、取材力や考察力がひとつの武器にはなっていくはずだ。

★テレビ局でスポーツを担当する

テレビでスポーツに関連する仕事は目にする機会が多いし、イメージしやすいのではないか。それでも実際には多くの職種に分かれて、それぞれが専門的な仕事をしている。

・試合中継を制作する

スポーツを仕事にするにあたって、中継を専門にしている人もいる。球場やスタジアムに行くと、放送局のロゴが側面についた中継車を見た人もいるだろう。試合の映像は数々のカメラによって撮られ、中継を担当するディレクターが画像を選んでいく。

分かりやすい例でいえば、サッカーではボールを持った選手に寄った映像を使うか、引き目でピッチ全体を映すかはディレクターの判断が分かれる。

ディレクターの切り取る映像には、メッセージ性やゲームに対する理解力が表れてしまう。その意味ではスポーツに対する愛情と中継に対する情熱が必要となる。

スポーツ中継の仕事を理解するには、二〇一〇年、スカパー！のサッカー・ワールドカップ・プロジェクトの統括を担当した田中晃《あきら》さんの「きょうのオシムと世界標準」というブログが、中継批評やディレクターの仕事の哲学を書いており参考になった。そのなかにこんな文章があった。

「ディレクターたちよ、あなたたちの仕事は素晴らしい。願わくば「何を見せたか」ではなく「何を見せられなかったか」を自らに問い、目の前のモニターに映しだされ、LIVEでテイクされることのなかった選手の情念に思いを馳《は》せてほしい。あなたたちは「見せるべきものを、見せるべき時に、見せる」使命がある。世界はあなたたちによって、歴史的瞬間を共有するのだから」

ディレクターの仕事の大きさが、熱い文章から伝わってくる。

日本の中継担当者は世界でも高い評価を受けている。オリンピックの中継では、競技によっては世界的な賞を受賞するほど優秀なスタッフがそろう。面白いことに、国によって得意な中継競技が違う。日本は体操、サッカーはヨーロッパ、バスケットボールではアメリカが圧倒的に見やすい映像制作をしている。

・テレビのスポーツニュース制作

スポーツニュースや、テレビの情報番組でスポーツの題材を専門に扱う人たちもいる。スポーツニュースは結果を知るだけ、どの放送局のものを見ても大きな差はないと思っている人がいるかもしれないが、実際には驚くほどの差がある。

まず、試合結果を伝えるにしても、試合のカギとなった一人の選手を中心に据えてニュースを作る人がいる。あるいは勝ったチームを主語にして映像を構成する局もある（これを知ってしまうと、結果が先に分かってしまいつまらないことになる）。スポーツニュースを作る「文法」は日本の放送局によって大きな違いがある。

アメリカの方に視点を移してみると、スポーツニュースと言えば「ＥＳＰＮスポーツセンター」が真っ先に思い浮かぶが、スポーツセンターの試合結果の作り方は派手なシーンをできるだけ切り取り、それをつないでいく手法だ。たとえばＮＢＡで派手なダンクシュートがあれば、試合結果とは関係なく、そのシーンが入れ込まれる確率は高くなる。

現在は映像が携帯端末からでも見られる時代だし、多チャンネル化ですぐにザッピングをされてしまう時代。いかにしてテンポよく、それでいてコンパクトに結果を伝えることができるかがスポーツニュースを作るひとつのポイントになっている。

・アナウンサー

テレビ、ラジオの実況アナウンサーはスポーツの仕事の花形と言っていいだろう。話術、知識が問われることは間違いないが、いい実況を行える条件として、「取材力」をあげるアナウンサーの人が多い。実際に練習グラウンドに足を運び、監督がどんな哲学を持って試合に挑むのか、選手たちの様子、そして歴史的背景など、さまざまな知識、教養を頭に入れ込んでから、マイクに向かっていることを知るべきだろう。

また、スポーツがエンターテインメントの世界と連動することも最近は多くなっており、オリンピックやワールドカップのような大きな国際イベントではショウビジネスの知識を求められることも多い。時として映画スターなどが観戦している場面が映しだされることがあるが、アメリカのアナウンサーはなぜ観戦に来ているのか、ユーモアを交えて実況してくれる。スポーツだけでなく幅広い教養が求められる職種だと思う。

一般の人向けのトレーナー、インストラクターの仕事

この本では私の仕事柄、マネジメントであったり、アスリートを直接サポートする方々に視点がどうしても偏りがちだったが、一般の人たちがスポーツを楽しむ市場も成長を遂げて

いる。特にエリートランナーと市民ランナーが一緒に走る欧米型のマラソンスタイルを取り入れた「東京マラソン」がスタートしてからは、たくさんの人が走ることに関心を持つようになった。

さらには一時期、「メタボリック・シンドローム」という言葉が流行語にもなったが、国民ひとりひとりが健康に関心を持ち、年齢を重ねても健康でいられれば医療費の抑制につながる。これまでの日本では、お金を投資してまで自分の健康を維持するという発想は希薄だったが、これからは自分がお金を払った分、健康を維持できることが認識されていくと思う。

★パーソナルトレーナー／インストラクター

村上春樹のベストセラー、『1Q84』（新潮社）に登場する青豆《あおまめ》はパーソナルトレーナーの仕事をしていた。

はじめ青豆はフィットネスクラブのインストラクターだったが、その腕を買われてパーソナルトレーナーとして何人かのクライアントの体をメンテナンスする仕事を引き受ける。運動処方、マッサージなど、体の構造を理解した上で治療にあたっているプロらしい雰囲気が青豆にはあった。

あくまで『1Q84』はフィクションだが、一九八〇年代、日本ではパーソナルトレーナーのニーズがあった記憶はない。まだスポーツの現場では「水を飲むな」とか、根性論が優勢の時代だった。現代は運動生理学などの学問が発達し、さまざまな器具も開発されている。バランスボールが家庭でも使われるようになったのは、健康への関心が高まっている証《あかし》だろう。

フィットネスクラブやジムなどでマシンを使って運動したり、スタジオでヨガやストレッチに取り組むことはさまざまな観点から有益だと思うが、自分が体のどの部分に問題を抱えていて、それを克服するためにはどんな運動処方が必要かは、ただフィットネスクラブに通っているだけでは解決しない。青豆のように体の構造を理解し、クライアントの体の特性を理解したパーソナルトレーナーによる運動処方を受けたほうがより効果的になる。

今後、平均余命よりも「健康年齢」が重視される時代が必ずやってくる。体を健康に保ち、生活の質を高める「クオリティ・オブ・ライフ」が大切になる。そうしたニーズが高まったときに、クライアントの求めているものに合った運動処方が行えるか、効果がどれほど出たのか、そしてコミュニケーション能力がパーソナルトレーナーとしての優劣を決めていくことだろう。

また、ヨガ、エアロビクス、水泳のインストラクターも個人の技量によって効能が左右されるので、インストラクターのなかでの「カリスマ」が誕生する可能性がある。

特にヨガはインストラクターに誘導されながら、自分と向き合うエクササイズだ。興味深いのはエクササイズでありながら、極めて内省的な要素を含んでいることで、こうしたアクティビティは日本人に向いていると思う。個人的には茶道で過ごす時間と同じ種類のものを感じたこともある。

スタジオでの指導では、大人数を相手にしたときのコミュニケーション能力が問われる。誘導の声のトーンによって、自分が内省的になれるかどうかが変わるし、インストラクターのヨガに対する向き合い方が声に現れるのである。また、三ヶ月単位など、中長期にわたって受講する人も多いから、一定期間におけるポーズのレベルアップや集団のなかでの個人指導にも技量が問われる。

優秀なインストラクターが全国に増えれば増えるほど、充実した生活がおくれる人が増えると私は思っている。

あとがき

いままで仕事の上ではどちらかといえば、先輩たちの背中ばかり追いかけて来ました。それは日本に限らず、アメリカのジャーナリストを含めて。

私がアメリカ人ジャーナリストで憧《あこが》れたのはロジャー・エンジェルとデイヴィッド・ハルバースタムです。ロジャー・エンジェルとの出会いは一九七〇年代後半のこと。地上波でメジャーリーグの中継が始まったおかげで、彼の著作が翻訳されたのです。ロジャー・エンジェルはもともと雑誌『ニューヨーカー』の編集者で、ジョン・アップダイクの担当者でもあり、いまも季節ごとに野球の長めの読み物を自分の手で書き続けています。

エンジェルの読み物は、日本の野球ものとは一線を画していました。自分の贔屓《ひいき》チームも告白するし、ファンの視点や感情の機微を面白い読み物にしていく。目から鱗《うろこ》が落ちる思いがしました。幸いなことに二〇〇一年七月、『ニューヨーカー』のオフィスでインタビューすることができました。その夜、シェイ・スタジアムで握手をした時には感無量だった……

というしかありません。

デイヴィッド・ハルバースタムは、二〇世紀の偉大なジャーナリストの一人でしょう。ケネディ政権を書いた『ベスト&ブライテスト』から野球、フットボールにバスケまで、政治もスポーツも同じ熱量で本に取り組むその姿勢、ストーリーテリングに圧倒されました。テープ起こしを一切使わず、頭の中で構成する力には知の巨人と呼ぶにふさわしい。幸い、彼にも一九九一年に大阪で会うことができたのは幸運でしたが、ハルバースタムは二〇〇八年、取材旅行先で交通事故に遭い、この世を去りました。ハルバースタムはフットボールの名選手を訪ねる途中だったのです。「生涯現役」のまま、ジャーナリスト人生を全うしたといえるでしょう。

自分も不惑を過ぎ、今度は自分が若い人たちに何かを伝えなければ……と思いだしたのは、ハルバースタムが亡くなってからでしょうか。

エンジェル、ハルバースタムと比べては勝負になりませんが、自分なりにいまアメリカ、日本のスポーツ界で起きている変化の潮流を書き記し、スポーツを志す若い人たちに参考になればと思っています。

スポーツは素質、努力、技術の勝負です。そしてスポーツを取り巻く周辺、リソースの部分で「知恵」がこれほど求められるようになった時代ははじめてです。きっと、これは始まりにすぎません。スポーツの世界では、オリジナリティの強いアイディアを持った人が勝つ時代が訪れます。

それを担うのはスポーツの世界を志す、あなたかもしれません。

今回、ご多忙のなか取材のために時間を作っていただいた大本さん、森本さん、岩瀬さん、田中さんには感謝いたします。また、ミズノの木水啓之さんには大変お世話になりました。

そして、遅筆のジャーナリストと併走してくださった筑摩書房の金子千里さんに改めて御礼申し上げます。

二〇一〇年七月　国分寺の生島文庫にて

生島　淳

参考文献

マイケル・ルイス『マネー・ボール』（中山宥・訳、ランダムハウス講談社文庫、二〇〇六年）
David Halberstam "The Education of a Coach" (Hyperion 二〇〇六年)
森本貴義『一流の思考法』（ソフトバンク新書、二〇〇九年）
田中ウルヴェ京『無欲の勝利』（ソフトバンククリエイティブ、二〇〇八年）
田中ウルヴェ京『適当力』（主婦と生活社、二〇〇九年）
『大学受験案内』（晶文社、二〇一〇年）

〈付録〉スポーツを学べる主な大学一覧

大学名	学部・学科・専攻・コース
北海道教育大学	岩見沢校（芸術・スポーツ文化学科〈芸術・スポーツビジネス専攻　スポーツ文化専攻〉）
札幌大学	地域共創学群（スポーツ文化専攻）
札幌国際大学	スポーツ人間学部
北翔大学	生涯スポーツ学部（スポーツ教育学科）
八戸学院大学	健康医療学部（人間健康学科）
岩手大学	人文社会科学部（人間文化課程）
仙台大学	体育学部
山形大学	地域教育文化学部（地域教育文化学科〈文化創生コース〉）
福島大学	人間発達文化学類（スポーツ・芸術創造専攻）
筑波大学	体育専門学群
茨城大学	教育学部（人間環境教育課程〈スポーツコース〉）
日本ウェルネススポーツ大学	スポーツプロモーション学部
流通経済大学	スポーツ健康科学部
白鷗大学	教育学部（発達科学科〈スポーツ健康専攻〉）
関東学園大学	経済学部（経営学科〈スポーツマネジメントコース〉
上武大学	ビジネス情報学部（スポーツ健康マネジメント学科）
尚美学園大学	総合政策学部（ライフマネジメント学科〈スポーツコース〉）
国際武道大学	体育学部
東京国際大学	人間社会学部（人間スポーツ学科　スポーツ科学科）
平成国際大学	スポーツ健康学部
お茶の水女子大学	文教育学部（芸術・表現行動学科〈舞踏教育学コース〉）
順天堂大学	スポーツ健康科学部
城西国際大学	経営情報学部（総合経営学科〈スポーツマネジメントコース〉）
帝京平成大学	健康医療スポーツ学部（医療スポーツ学科〈トレーナー・スポーツコース〉）　現代ライフ学部（経営マネージメント学科〈トレーナー・スポーツ経営コース〉）
東京成徳大学	応用心理学部（健康・スポーツ心理学科）
東京学芸大学	教育学部（教育支援課程〈生涯スポーツコース〉）
桜美林大学	健康福祉学群（健康科学専修）
国士舘大学	体育学部
帝京大学	医療技術学部（スポーツ医療学科）

大東文化大学	スポーツ・健康科学部
東海大学	体育学部
東京有明医療大学	保健医療学部（鍼灸学科　柔道整復学科）
東京女子体育大学	体育学部
東洋大学	ライフデザイン学部（健康スポーツ学科）
日本大学	文理学部（体育学科）　スポーツ科学部
日本女子体育大学	体育学部
日本体育大学	体育学部　スポーツ文化学部　スポーツマネジメント学部　児童スポーツ教育学部
法政大学	スポーツ健康学部
立教大学	コミュニティ福祉学部（スポーツウエルネス学科）
和光大学	現代人間学部（身体環境共生学科）
早稲田大学	スポーツ科学部
桐蔭横浜大学	スポーツ健康政策学部
國學院大学	人間開発学部（健康体育学科）
新潟大学	教育学部（健康スポーツ科学課程）
新潟医療福祉大学	健康科学部
新潟経営大学	経営情報学部（スポーツマネジメント学科）
金沢大学	人間社会学域（地域創造学類〈健康スポーツコース〉）
金沢学院大学	人間健康学部
金沢星稜大学	人間科学部（スポーツ学科）
富山大学	人間発達科学部（人間環境システム学科〈地域スポーツコース〉）
福井工業大学	スポーツ健康科学部
信州大学	教育学部（生涯スポーツ課程〈地域スポーツコース　野外教育コース〉）
松本大学	人間健康学部
山梨学院大学	スポーツ科学部
静岡大学	地域創造学環（スポーツプロモーションコース）
静岡産業大学	経営学部（スポーツ経営学科）
常葉大学	健康プロデュース学部（心身マネジメント学科）　保健医療学部
愛知大学	地域政策学部（健康・スポーツコース）
愛知学院大学	心身科学部（健康科学科）
愛知工業大学	経営学部（経営学科〈スポーツマネジメント専攻〉）
愛知淑徳大学	健康医療科学部（スポーツ・健康医科学科）

愛知東邦大学	人間健康学部（人間健康学科〈スポーツ指導者コース　スポーツトレーナーコース〉）
愛知みずほ大学	人間科学部（心身健康科学科〈健康スポーツコース〉）
至学館大学	健康科学部
中京大学	スポーツ科学部
中部大学	生命健康科学部（スポーツ保健医療学科）
東海学園大学	スポーツ健康科学部（スポーツ健康科学科）
名古屋学院大学	スポーツ健康学部（スポーツ健康学科）　リハビリテーション学部（理学療法学科）
日本福祉大学	健康科学部（リハビリテーション学科〈理学療法学専攻　作業療法学専攻〉）スポーツ科学部
朝日大学	健康医療学部　健康スポーツ科学科
岐阜経済大学	経営学部（スポーツ経営学科）
中部学院大学	スポーツ健康科学部
皇學館大学	教育学部（教育学科〈スポーツ健康科学コース〉）
びわこ成蹊スポーツ大学	スポーツ学部
京都産業大学	現代社会学部（健康スポーツ社会学科）
同志社大学	スポーツ健康科学部
明治国際医療大学	鍼灸学部（鍼灸学科）　保健医療学部（柔道整復学科）
立命館大学	スポーツ健康科学部　産業社会学部（スポーツ社会専攻）
大阪教育大学	教育学部（教育協働学科〈健康安全科学専攻　スポーツ科学専攻〉）
大阪経済大学	人間科学部（スポーツ健康コース）
大阪国際大学	人間科学部（人間健康科学科　スポーツ行動学科）
大阪産業大学	スポーツ健康学部（スポーツ健康学科）
大阪成蹊大学	マネジメント学部（スポーツマネジメント学科）
大阪体育大学	体育学部
大阪電気通信大学	医療福祉工学部（理学療法学科　健康スポーツ科学科）
関西大学	人間健康学部
関西医療大学	保健医療学部（はり灸・スポーツトレーナー学科　ヘルスプロモーション整復学科）
関西学院大学	人間福祉学部（人間科学科）
太成学院大学	人間学部（健康スポーツ学科）
関西国際大学	人間科学部（経営学科〈スポーツマネジメントコース〉）
神戸医療福祉大学	社会福祉学部（健康スポーツコミュニケーション学科）

神戸女子大学	健康福祉学部（健康スポーツ栄養学科）
神戸親和女子大学	発達教育学部（ジュニアスポーツ教育学科）
園田学園女子大学	人間健康学部（総合健康学科〈健康スポーツコース〉）
兵庫大学	健康科学部（健康システム学科）
武庫川女子大学	健康・スポーツ科学部
流通科学大学	人間社会学部（人間健康学科）
天理大学	体育学部（体育学科）
川崎医療福祉大学	医療技術学部（健康体育学科　臨床栄養学科　リハビリテーション学科）
環太平洋大学	体育学部
吉備国際大学	社会科学部（スポーツ社会学科）　保健医療福祉部（理学療法学科　作業療法学科）
倉敷芸術科学大学	生命科学部（健康科学科）
広島大学	教育学部（第四類　〈健康スポーツ系コース〉）
福山大学	経済学部（経済学科〈スポーツマネジメントコース〉）
福山平成大学	福祉健康学部（健康スポーツ科学科）
東亜大学	人間科学部（スポーツ健康学科）
徳山大学	経済学部（ビジネス戦略学科〈スポーツマネジメントコース〉）
四国学院大学	ベースボール科学専攻　健康・スポーツ科学専攻
愛媛大学	社会共創学部（地域資源マネジメント学科〈スポーツ健康マネジメントコース〉）
聖カタリナ大学	人間健康福祉学部（健康スポーツ学科）
九州共立大学	スポーツ学部（スポーツ学科）
九州産業大学	人間科学部（スポーツ健康科学科）
久留米大学	人間健康学部（スポーツ医科学科）
福岡大学	スポーツ科学部
西九州大学	健康福祉学部（スポーツ健康福祉学科）
熊本大学	教育学部（生涯スポーツ福祉課程）
熊本学園大学	社会福祉学部（ライフ・ウェルネス学科）
九州保健福祉大学	社会福祉学部（スポーツ健康福祉学科）
鹿屋体育大学	体育学部（スポーツ総合課程　武道課程）
沖縄大学	人文学部（福祉文化学科〈健康スポーツ福祉専攻〉）
名桜大学	人間健康学部（スポーツ健康学科）

※国公立大学の教員養成課程・保健体育専攻は割愛した。
※情報は 2018 年 11 月現在。

ちくまプリマー新書146

スポーツを仕《し》事《ごと》にする！

二〇一〇年九月十日　初版第一刷発行
二〇一八年十一月二十五日　初版第三刷発行

著者　生島淳（いくしま・じゅん）

装幀　クラフト・エヴィング商會

発行者　喜入冬子

発行所　株式会社筑摩書房
東京都台東区蔵前二-五-三　〒一一一-八七五五
電話番号　〇三-五六八七-二六〇一（代表）

印刷・製本　中央精版印刷株式会社

ISBN978-4-480-68848-4 C0275 Printed in Japan